口絵1　利用の例　上野桜木あたり（東京都台東区）

口絵2　復原の例　東京駅丸の内駅舎（東京都千代田区）

口絵3 国宝の例
姫路城(兵庫県姫路市)　提供:安田徹也

口絵4 重要文化財の例
明治生命館(東京都千代田区)

口絵5 登録有形文化財を活用した例
スターバックス コーヒー　弘前公園前店(青森県弘前市)
© スターバックス コーヒー ジャパン株式会社

CREATORS LIBRARY 08

論より実践 建築修復学

後藤 治 著

Practical Heritage Building Conservation
GOTO Osamu

共立出版

はじめに

　1999年に文化庁という国の役所から現在の大学（工学院大学）に籍を移した時，3年生後期の授業で「保存修復学」という科目を担当してほしいという依頼があった。その頃には，大学の授業で歴史的建造物を扱うのは，建築の歴史の授業のみで，まして保存修復となると，専門課程で教えることはほとんどなかった。もしかすると，大学院まで含めても今でもその状況は変わっていないかもしれない。

　文化庁では，専門の技術者や行政の担当者を育成するための講習を行っていたので，それを参考にしながらとりあえず授業を組み立ててみた。その後，海外に出張する機会があり，海外の専門機関が行っている講習や教科書の類をみることができた。そうこうしている間に，いくつもの修復の事例に関わり，経験を積むこともできた。それらの積み重ねが，本書の内容に生かされている。

　10年ぐらい前に，共立出版から，造形ライブラリーシリーズの1冊として，歴史的建造物の保存修復に関するものを執筆してほしいという有難いお話をいただいた。すぐに快諾したのだが，その直後に学内の要職（主任教授→常務理事→理事長）に就いてしまい，完成が随分と遅れてしまった。

　依頼された当初から，歴史的建造物の保存修復を特殊なものではなく，一般的な既存建造物の改修の延長線上として書きたいと思っていた。原稿の完成が遅れるうちに，社会では耐震改修や空き家問題が注目されたり，学生がリノベーションを卒業設計のテーマに選ぶなど，既存建造物の改修が少し身近になりつつある。おかげで，本書に興味をもってくれる人が企画当時より増えているのではないかと思う。

　授業の教科書で使えるほど立派な出来栄えとはいえないかもしれないが，建築に興味を持つ人に，少しでも多く本書を手にしてもらえれば幸いである。

後藤　治

目 次

はじめに

序章　歴史的建造物の修復を学ぶ前に　1

1章　調査　11
- 1.1　図面の作成　13
- 1.2　歴史調査　20
- 1.3　破損調査　28
- 1.4　調査に関する雑知識　50

2章　計画・設計　53
- 2.1　保存活用計画　55
- 2.2　防災計画　64
- 2.3　特別な手法，工夫　81
- 2.4　プロジェクトマネジメント　92

3章　施工　97
- 3.1　修復と伝統技術　99
- 3.2　各部工事　106

4章　記録　147
- 4.1　処方箋としての記録　149
- 4.2　記録による保存　150
- 4.3　修理工事報告書　151

終章　実務と理論，法制度　　　　　　　　**153**

- 5.1　世界文化遺産のガイドライン　　　155
- 5.2　ヴェネチア憲章　　　157
- 5.3　各国での修復の基準と考え方　　　161
- 5.4　日本における歴史的建造物と法制度　　　164
- 5.5　生産体制の確保と法制度　　　173

参考文献　　　178
参考資料　　　182
特許一覧　　　184
おわりに　　　185

凡　例

- 本書で紹介する事例の竣工年は西暦表記とする。明治以前のものに関しては，和暦も併記する。
- 本書で紹介する事例の所在地は（　）内に県，市町村までを表記する。
- 巻末に参考資料として，本書の内容に関係する参考文献，修復に関係する機関やその情報のウェブサイト一覧と特許の一覧を掲載した。
- 本書で紹介する法令・条例および参考ウェブサイトのURLは，すべて2019年3月時点のものである。以降の更新・変更・削除等の可能性があることをご了承いただきたい。
- 文中に登場する文献の発行元等の詳細は，巻末の参考文献を参照のこと。
- 文中に掲載する特記なき写真および図は，すべて工学院大学後藤治研究室による。また，イラストの著作権は，武者小路晶子氏に帰属する。
- 掲載の写真・イラスト・図には，その種類を区分せず，章ごとに通し番号を付した。
- 本文中「現在」と記したものは，注記がない限り2019年3月現在のこととする。

Prologue:
Before Practicing

序章　歴史的建造物の修復を
　　　学ぶ前に

歴史的建造物の保存と利用

21世紀に入った頃から、ユネスコ（UNESCO：United Nations of Educational, Scientific and Cultural Organization）の世界遺産条約による世界遺産（文化遺産と自然遺産がある）が人気で、多くの観光客を集めている。海外旅行をする際等に、各国の世界遺産を見に行こうと、計画の中に組み込んでいる人も少なくないだろう。世界遺産のうち文化遺産の主役は、記念性をもった歴史的建造物（Monumentと呼ばれる、以下「記念建造物」という）と、歴史的な街並（Site、周辺環境を含む、以下「街並」と略す）である。世界文化遺産の存在でわかる通り、歴史的に価値のある記念建造物や街並を保護することは、世界各国共通で取り組まれているグローバルな活動である。

街並は、数多くの多様な歴史的建造物で構成されている。それに加え、近年は、近代の産業遺産、20世紀の建造物といったものも世界文化遺産に登録されている。1959年に竣工した国立西洋美術館（東京都台東区、図0.1）が、ル・コルビュジエの一連の作品のひとつとして、2016年に世界文化遺産に登録されたことは、記憶に新しい。このことからわかるように、保護の対象となる歴史的建造物は、記念建造物のような特別で希少なものだけではなく、幅広く多様で、かつ、多数になりつつある。

このため、本書でいう「歴史的建造物」とは、建設後50年以上を経過して、何らかの歴史的・文化的価値を持つ建造物を幅広く対象としていると考えていただきたい（図0.2）。50年としたのは、わが国の登録有形文化財の登録基準（2章57頁参照）や世界のいくつかの国の基準に見られるように、法律で保存の措置をとり始めるのが建設後50年とされていることによる。また、建築物ではなく「建造物」としたのは、建築物に限らず工作物（註）もその対象となること、並びに、関連する法令等で「建造物」の語が用いられているからである。

図0.1　世界遺産の例　国立西洋美術館（東京都台東区）

【註】工作物の代表的なものに、橋梁、ダム、トンネルといった土木構造物や、門、塀のような外構関係の構造物がある。

図0.2 歴史的建造物の法制度上の扱いと保存・利用の関係

　記念建造物の場合，それを修復する際には丁寧で慎重な扱いが必要になるので，利用することよりも大事に保存することに力点が置かれがちである。だが，幅広く多様になればなるほど，歴史的建造物は人々が生活のなかで使いながら残していく必要がある。多数の歴史的建造物を残そうとするなら，なおさらである。別の言い方をすれば，人々に使われるからこそ残るのであり，使いにくい建造物を残すことは難しい。なぜなら，維持管理していくための負担が重くのしかかってくるからである。利用価値があれば，維持管理する意欲も生まれるし，もし利用が収益を生むのなら，その収益を維持管理にあてることもできるかもしれない。反対に，人が利用しない建造物は，傷んだり劣化したりしていることに誰も気づかず，ますます傷みや劣化が進行していく。

　したがって，歴史的建造物のほとんどは，保存より「利用」に力点を置くべきである。修復という作業においても，丁寧で慎重な扱いよりも

図 0.3 古民家を活用したゲストハウス（秋田県横手市）
上：転用前 下：転用後

図 0.4 旧第八師団長官舎（青森県弘前市）外観

むしろ，建造物が現代的な利用に耐えられるように手を加えていくことが重要になる（図 0.3）。

比較的新しい近現代の建造物等は，用途が陳腐化して取り壊しの危機をむかえる。その場合には，新たな用途を見つけて転用（コンバージョンと呼ばれる）できるように手を加えなければならない。国が登録した文化財建造物を，著名なコーヒー店がカフェに転用して使っていること等は，その好例といえる（口絵 5，図 0.4）。

本書では，こうした近年の動向をふまえ，歴史的建造物の修復の実務について，記念建造物に対する丁寧で慎重な業務よりも，幅広く多様な建造物を修復する際に留意すべき業務を紹介することに力点を置いた。なお，歴史的建造物の集合体である街並については，単体の建造物とは異なる計画や措置が必要になるので，本書では取り扱っていない。

改良保全と既存改修

広義にとらえれば，歴史的建造物は古くなった既存の不動産物件のひとつである。これらを現代的な利用に耐えられるように手を加えていく行為を指すものとして，世間ではリフォーム，リニューアル，リノベーション等の語が使われている（以下「既存改修」と総称する）。

一方，建築学の分野では，建造物を良好な状態で使い続けるために維持管理したり改良したりする行為を，学術用語で「保全」と呼んでいる。その定義を示した日本建築学会『建築物の改修の考え方・同解説』（2002年）によると，保全は，清掃や保守管理のような軽微な行為から性能を維持するための改修工事まで含む「維持保全」と，工事の手を加えて建築物の性能を当初より高める「改良保全」に大別される（図 0.5，図 0.6）。建造物の性能は様々だが，代表的なものとしては，耐震性能や防火性能

といった防災上の性能がある。そのほかに，使い勝手，バリアフリー，省エネルギーといった機能面での性能もある。既存改修のなかには，見た目は良くなっているものの，性能は向上するどころか低下し改悪しているものもしばしば見られる。そこで，本書では学術用語上の「保全」とあえて区別して「既存改修」の語を用いている。

良好な保全を行うことは，建造物を長く使い続けるのに欠かせない。それは歴史的建造物も一般の建造物も同じである。したがって，一般的な保全と歴史的建造物の修復には共通点が多数ある。一般的な保全については，『建築物のライフサイクルと維持保全（新訂版）－ビル保全学入門－』（巻末参考文献参照）等，参考になる入門書が発行されている。本書で歴史的建造物の修復を学ぶとともに，一般の建造物で行われている保全やその計画についても，学んでおいてほしい。

図 0.5　維持保全と改良保全

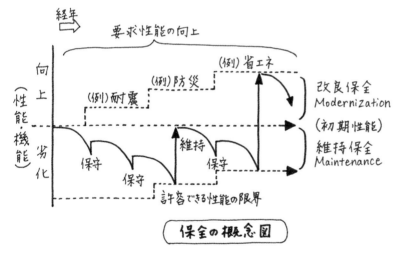

図 0.6　経年による保全と性能の概念図

「修復」という語

本書では、歴史的建造物に対して行う、比較的に規模の大きい「維持保全」、並びに、「改良保全」に該当する行為の両者（図0.6上矢印）をあわせて、「修復」と呼ぶ。通常「修復」という語は、歴史的建造物に対してではなく、むしろ歴史的に価値のある絵画や彫刻のような美術品に対して用いられる。美術品の場合には、価値に影響を及ぼさない慎重な作業や、復原のように特別な考察を含む特殊な業務を指す語として、「修復」が用いられている。歴史的建造物においても、寺社建築に施された極彩色の文様の修復等、美術品と同様の丁寧で特殊な作業は行われる。とはいえ、建造物の場合には、老朽化や陳腐化等によって大規模に手を加える時に、そうした特殊な作業（図0.7）もあわせて行われることが多い。そこで本書では、「修復」を上記のように広く定義し、実際の業務における各工程を紹介するなかで、特殊な作業である狭義の修復も含めて紹介する。よって、本書で取り扱うもののなかには、一般的な改良保全や既存改修で行われていることも多く含まれる。

図0.7 丁寧な修復作業の様子（建具補修）
提供：菅澤 茂

一方で、修復と通常の改良保全、既存改修との間には決定的な違いがある。それは、修復が歴史的建造物の持つ「価値」を将来にわたって残していくことを目的とすることである。狭義の修復はこの目的を高度に達成するための特殊解ともいえる。本書では、それぞれの章において、一般の改良保全や既存改修とは異なる修復の特徴を意識して記述している。

「価値」を残すという修復の目的を達成するためには、工事着手前に、歴史的建造物が持つ「価値」を確実にしっかりと把握することが大事である。「価値」にはどのようなものがあるのか、具体的にどのような方法で把握するのか等について、本書では1章に記す。そして、「価値」を失わないための具体的な工事方法については、3章で紹介する。

一方、工事をする際に「価値」を失わないだけでなく、工事終了後も長く保存と利用に耐える運営を行うことが、修復にとっては重要なポイントとなる。そのため、本書では2章で、価値を残すための工事に必

要な計画・設計の方法や考え方とあわせて，長く使い続けていくための運営の工夫や方法についても紹介する。

専門家の業務，修復と医療

　修復は，高度な知識を持つ専門家が手掛ける業務でもある。修復を主に行う専門家は，建築家や建築士のような技術者と大工に代表される職人と呼ばれるような技能者（以下「技術者等」と略す）である。修復に限らず，技術者等が建造物を改良保全する行為は，医師が患者を治療する行為に似ているとしばしばいわれる（図0.8）。例えば，既存住宅の改修にあたる建築士を「住宅医」と呼び，その育成のための講習会「住宅医スクール」を開催している専門家のグループがあるのは，そのことをよく示している。また，日本建築学会のなかには，保全を適切に行うため「建築病理学（Building Pathology）」の確立を提唱している研究者もいる（註）。

　建造物の保全や修復にあたる技術者等の仕事を医師の業務に準えるとすれば，その実務は，建造物の病気を診察し，それを治す行為に該当するはずである。そうであるならば，技術者等の業務は「病理」に限られるわけではなく，「臨床」と「治療」を含む「病理・臨床・治療」の3者からなるといえる。

　本書は，実際の歴史的建造物の修復における実務の流れに沿って，調査，計画・設計，施工の順に各章を構成している。人間の病気に該当するのは，建造物の劣化・損傷といった「破損」である。その意味では，1章「調査」で述べる破損調査の基礎となるものが「病理」にあたる。そして，1章「調査」の実務と2章「計画・設計」が「臨床」に，3章「施工」が「治療」に該当する。

【註】「建築病理学」は，イギリスのワット博士の著書（David S. Watt, *Building Pathology Principal & Practice*, 1999, Blackwell）のタイトルを翻訳したもの（蛇口洋平・小松幸夫，建築病理学考察—理論と適応性—，日本建築学会学術講演梗概集（中国）F-1，PP.1143-1144，2008年9月，日本建築学会）。

図 0.8 建造物の改良保全と医療の対比

　医師の仕事には，ほかにカルテの作成がある。カルテは，単なる病気の診断や治療の結果の記録だけではない。それを病理，臨床，治療の各分野で共有化し，病気を総合的にモニタリングすることによって，新たな知見や最善の方法を見出すことにも使われる。修復でいえば，カルテの作成は，本書の各章に記す調査，計画・設計，施工の各段階の作業と，各段階での写真，図面をまとめた記録がそれに該当する。そのため，本書でも4章「記録」を設けた。各段階の作業と写真，図面を記録しておけば，その建物で将来行われる修復の参考になる。同時に，そのデータを公開共有できればほかの修復にも役立つ。つまり，医者のカルテと同様の役割を期待できる。

　だたし医師と一口に言っても，様々なタイプがある。大病院または地域の診療所で働く医師，大学等の研究機関で研究に従事する医師もいれば，役所で基準や指針の策定に関わる医師もいる。同様に，歴史的建造物の修復に関わる技術者等も様々である。本書は，なかでも地域の診療所で働く医師に該当するような，地域で修復の実務にあたる技術者等と，それを目指す学生を読者の対象として念頭においている。そのため，「病理」については，ごく一般的なものの紹介だけに留まっており，むしろ「臨床」「治療」に力点をおいた記述としている。

保全，修復と医療の違い

　歴史的建造物の修復と医療の類似点は多いが，違いもある。

　代表的な違いのひとつは，調査において歴史的価値を調べて特定することである。修復では，それを継承できるように工事を行い，ときには復元を行う等によって，価値が引き立つようにする。それは，患者にたとえ少し悪い部分があっても，その場所に特徴や見るべき点があれば手を付けず，病気がない箇所にあえて手を加えて悪い部分の弱点を補うような行為である（図0.9）。これは，医療ではあまり取られない方法である。また，復元は，患者の見えにくい長所を発見し，それが引き立つようにする行為で，医療でいえば美容整形に近いかもしれない。

　もうひとつ代表的な違いは，パーツ（部位）の取り換えがきく点である（図0.10）。例えば，人の手足や臓器を簡単に取り替えることはできない。近年は技術が発達し，機械がその代役を果たすことも可能になってきているが，それでも人の本来の能力を取り戻すことまでは容易ではない。対して建造物では，パーツを取り替えることによって，性能を取り戻せるだけでなく，従前より性能を上げることも期待できる。歴史的建造物の修復は，人への医療と比較すると，はるかに気楽に取り組むことができるのだ。ただし，部位を取り替えると歴史的建造物の一部は失われる。場合によっては，その歴史的価値に影響を及ぼすことにもなり

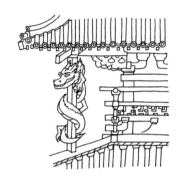

図 0.9　法隆寺金堂の軒支柱
法隆寺の金堂と五重塔の軒下には，軒を受ける支柱がみられる。この支柱には龍の彫刻が施されている。これは，長く出た軒が，経年によって垂れ下がってきてしまったために，17世紀末の修復時に挿入された。1945～1954年の修復では，小屋組に補強を行ったため，この支柱を外しても軒を支えられるようになったが，あえて支柱を外さず，昔の修復の履歴を残すという方法が選択された。

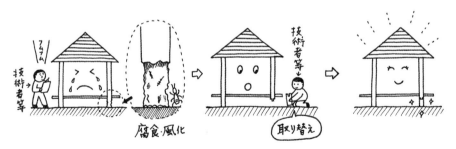

図 0.10　パーツの取り換えのイメージ：柱の脚元の取り替え

かねない。破損した部位の安易な取り替えは危険であり、取り替える際には十分に注意しなければならない。

そして、修復と医療では専門家の数も大きく異なる。医療に従事している医師は日本全国各地に多数いるが、歴史的建造物の修復を専門とする技術者等の数は少ない。医療の世界では、専門的な機関として大学や研究所があり、そこに多くの研究者が存在する。町場にも多くの診療所がある。しかし修復は、関係する技術者等だけでなく研究者も少ないうえ、専門的な機関もほとんどない。修復に限らず、改良保全にまで視野を広げてみても、状況は大きくは変わらない。それは、つい先ごろまで、建設需要の多くが、建造物を新たにつくる（以下、「新築」と略す）ことで占められていたからだ。

人口減少、高齢化が急速に進む我が国においては、「新築」の需要より、既存改修をはじめとする建造物を保全する需要が高まってきており、今後さらに高まることが予測されている。建築病理学の確立が提唱されているのは、こうした背景がある。そうしたなかで、建造物の性能の向上を目指す改良保全や、歴史的建造物の価値を重視した修復の道を選択するケースも増えていくと筆者は考えている。近年、空き家への対策に注目が集まったり、観光振興や活性化のために古民家を宿泊施設等に活用することがしばしば話題にのぼっている（図0.11）。こうした動きはそれを顕著に示すものといえるだろう。

そうなると、今後、修復の実務に携わる技術者等の数は増えるだろうし、それを目指す学生も増えていくことだろう。修復を行うプロフェッショナルの世界においても、病理を探る研究機関の研究者と、臨床、治療にあたる現場の技術者等との協力が、ますます必要になってくるものと思われる。本書が、そうした方々の参考に少しでもなれば幸いである。また、修復の現場で働く技術者等の方々から、本書で紹介している事例に加えて、新たな様々な情報を提供いただきたいと思う次第である。

図0.11　丸山集落の風景（兵庫県篠山市）
丸山集落は、かつて、空き家が集落の家屋の半数以上を占め、耕作放棄地が増加し続けている、いわゆる「限界集落」と呼ばれる状況にあった。2009年に一般社団法人ノオトが中心になり、古民家を宿泊施設（「集落丸山」）に転用したことが契機となって、現在では空き家、耕作放棄地ともに減少し、地域再生のモデルとして注目されている。　提供：益尾孝祐

Chapter 1:
Survey

1章 調査

読者の多くは，大学等において建築学を学び，設計の課題に取り組んだことと思う。設計の課題では，設計に着手する前に様々な調査を行う。その代表的なものに，敷地の状況調査や類例の調査がある。設計や計画の作業に着手する前に様々な調査が必要なのは，歴史的建造物の修復でも同様である。さらに，修復の場合には，通常の設計の課題とは異なる調査も必要になる。なぜなら，通常の設計課題の多くは，更地に新築することを想定しているからだ。

　新築時には行わない調査の代表的なものに，修復の対象となる歴史的建造物の現状を記録する調査がある。この調査は，修復に限らず，既存改修や改良保全でも行われる。本章では，修復において特別に行われる作業を含むものとして，図面の作成，歴史調査，破損調査に注目して，その実務上の留意点を解説する。

1.1 図面の作成

野帳（Field Note）

　修復では，既存の歴史的建造物に手を加えていくことになるので，初めに対象となる建造物の図面を作成する。この図面を下地として，それに手を加える形で設計や計画を進めていく。つまり，正確な図面を作成することは，修復の業務における第一歩ということになる。

　図面が既に存在する場合（註）には，それを使えばよい。けれども，たとえ図面が存在したとしても，建造物がその図面通りに建っているとは限らない。そのため，修復の実務では，図面がある場合でも，その図面のチェックを怠ってはならない。図面に誤りが見つかったら，部分的に訂正したり，場合によっては新たに図面を作成し直したりする。

　歴史的建造物の場合，比較的に新しいものや管理の行き届いたものを除くと，調査の前に図面が存在することは多くない。まして，古くなればなるほど，図面は存在しないことが圧倒的に多い。なぜなら，多くがそもそも建てる時に図面を作成していないからである。図面のない建造物では，一から図面を作成しなければならない（図1.1）。ちなみに，建築時に図面を作成することは，近世以前はごく少数である。これは，近代以降に建築家が登場したり，建築教育が普及したりしたことで，図面の作成が一般化したからである。

　新築では，工事着手前に，平面図，断面図をはじめ各種の図面を一から作成し，設計図書をつくる。新築の設計図書に含まれる平面図，立面図等の図面は，「基本図」と呼ばれる。修復において，着工前に図面を作成する行為は，今ある建造物を見ながら，設計図書の基本図を作成するような行為といえる。

　図面作成にあたっては，事前に歴史的建造物をみながら野帳（図1.2）

【註】図面を調べてみよう
歴史的建造物の図面が見つかった場合，その図面がいつ，どのような目的でつくられたのかを調べてみよう。見つかった図面によって，建造物の建設年代が判明することがあるなど，図面自体が，大変貴重な価値を持つこともある。なかには建造物と一緒に文化財に指定されている図面もある。
現代でも，計画，設計，施工，管理の各段階で図面が作成されるが，歴史的建造物でもそれは同じである。計画時，設計時の図面は，建造物の現状との間に違いが生じやすい。施工時にそれらとは異なる仕様で施工することがあるからだ。施工時や管理用の図面でも，その後に改造が行われているような場合には，図面と現状に違いが生じるので注意が必要だ。
図面調査で，図面と現状の違いを発見したら，その原因を考察して，考察の結果を記録（4章参照）に残すようにしたい。

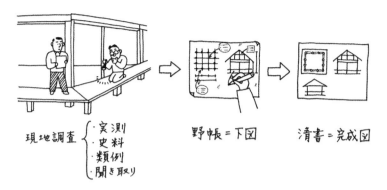

図 1.1　歴史的建造物の図面作成の手順

をとる。野帳は，Field Note の和訳である。実際の建造物を見ながらフリーハンドで図（以下「下図」という）を描き，それに計測した寸法を記入する。そして，その野帳をもとに，清書して図面（以下「完成図」という）を作成する。完成図のスケールや種類は工事の目的によって異なるが，本格的な工事を行う場合には，新築の設計図書で作成する各種の図面と同様の各種図面を作成する。野帳の場合，完成図の縮尺よりも小さくして下図に寸法を記入することが望ましい。

　これらの作業を行うには，歴史的建造物の各部の構法（設計法や施工

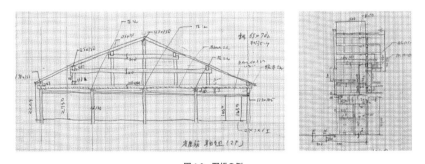

図 1.2　野帳の例
記録のために，野帳には，建造物名，作成した年月日，作成者をメモしておきたい。　　提供：マヌ都市建築研究所

法等）に関する知識が頭に入っていないと，正確な野帳がとれず，正しい完成図は作成できない。例えば，寺社建築の軒回りの野帳をとるためには，軒をおさめる規矩術に関する一定の知識を要する（図1.3）。

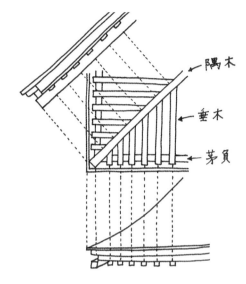

寺社建築の軒は，反りがあり，隅に行くほど前方に軒先が出るなど，3次曲線を描いている。また，垂木は二重になっており，それを止める茅負，木負など様々な部材がある。このように，それぞれの納まりには工夫がある。それらを手際よくおさめるための方法が規矩術で，その知識があると各部の整合性がとれた図面を書くことができる。ただし，実際の建造物の軒廻りは規矩術通りにはできていない場合も多いので，その違いを調査時に確認したい。

図1.3 寺社建築の軒廻り

　野帳をとる際には，新築の設計時と同じように番付を付けて，基準線を意識しながらとると，データの整理がしやすい（図1.4）。また，鉛直方向も，床レベル，内法レベル等の基準線を意識しておくと作成しやすい。伝統工法を用いた木造建造物の修復においては，柱梁構造による特性を考慮しなくてはならない。特に，柱や梁の位置関係や継手仕口等を正確に把握するため，軸組図と伏図（図1.5，図1.6）を新築工事よりも頻繁に使うので，この二つの図面の描き方は覚えておきたい。これらは，後述する破損調査（本章3節28頁～）でも，部材の腐朽状況等を記録するのに便利である。

通常は，正面に向かって右手側から「いろはに」，下から「一二三」の順に番号を付けていく。番号のある基準線以外のところに識別したいものがある場合には，番号の頭に「又」（例えば，「又い」「又2」といった記号）を付けて，場所を示すようにする。

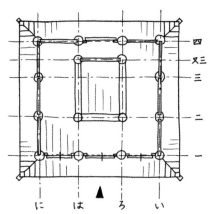

図 1.4　番付の付け方

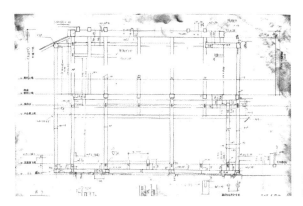

図 1.5　軸組図の例
提供：岩瀬建築

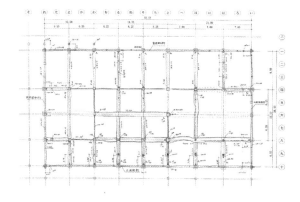

図 1.6　伏図の例
提供：岩瀬建築

新技術の利用

近年は，測量技術が発達し，コンピュータのデータ処理能力も向上している。このことから，図面を作成するために新たな技術が用いられるようになってきている。例えば，撮影した写真データをもとに図面を作成する技術が開発され，通常の基本図面では扱っていない情報を図面上に表すことも可能になっている。また，コンクリート造の建造物では，表面の温度を計測することにより，壁のヒビ（クラック）から躯体内部への雨水の浸入の様子（図1.7左）や，外壁タイルの浮き具合（図1.7中）等について，その度合いや有無を図面上に示すといったことが可能になっている。

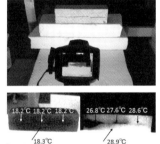

図 1.7　表面温度の計測による破損の調査　© 田村雅紀
左：コンクリート造の建造物では，壁のヒビ（クラック）から水が入るので，日照時に表面の温度が低下する。
中：壁仕上げのタイルが下地からはがれて浮いていると，その部分に断熱効果が生まれる。そのため日照時にタイルの表面温度が，密着している部分より上がりやすくなる。表面温度を観測できる機材で写真をとると，温度差による色の違いで水の浸入部やタイルが浮いている部分が判別できる。
右：目視で確認できるタイルの浮き

今後の普及が予測される新技術に，BIM（Building Information Modelling）の利用がある。BIMは，3次元で建造物を図化できると同時に，従来は図面に正確な位置を記録しにくかった設備系統の配管・配線を容易に記録・表示することができるため，歴史的建造物に限らず既

存の建造物の将来の維持管理・保全を行う際に有効である。そのため，今後は調書作成の際に基本図とともに，BIMのデータを作成する事例が増えると予測される。既にイギリスでは，公的機関が，歴史的建造物におけるBIM使用の望ましい方法を公表している（註）。

データ処理という点では，図面情報を有効に活用する新技術にGIS（Geographic Information System）の利用がある。GISでは地理情報を共通化することによって，図面の情報にそのほかの情報も統合できる。具体的には，地図上に図面を含む様々な情報を表示したり，各種データベースの集約が可能になる。ハザードマップ上に歴史的建造物を表示する，消防車内に歴史的建造物の進入口とその周辺の消防設備を表示（図1.8）する等，防災関係での利用がすでに普及している。

【註】A Digital Future for Traditional Buildings: Practical Applications for Survey and Management, COTAC (Conference on Training in Architectural Conservation), 2013 COTACはイギリス，イングランドの公益法人。政府の支援を受けて，歴史的建造物の修復に関わる技術者，管理者のために，講習会を開催している。(www.cotac.global)

イギリスのチェスター市の歴史博物館は，建物自体が歴史的建造物であり，内部には多数の貴重な美術品や歴史資料が展示収蔵されている。同市の消防車には，GISを利用して，同博物館の緊急進入口へのアクセス方法や救出すべき館内美術品の救出方法に関する情報がインプットされている。万一，同館で火災が発生した場合には，消防車が現場にかけつけるまでの間に，消防士がその要点を学習し，火災の鎮火や美術品の救出に携わる（2章77頁参照）想定になっている。

図1.8 歴史的建造物の情報がインプットされた消防車（イギリス，チェスター市）

コラム　建物の歪み

新築時の図面では，四角い建造物の角（かど）は直角で，柱は真っ直ぐに立っているように書く。ところが，歴史的建造物を調査してみると，角は直角ではなく，柱は傾斜していることがしばしばである。これは，新築時に誤差で歪みが生じていたり，経年による劣化で歪みが生じていたりするためである。調査で図面を作成する際には，このような歪みや傾斜を正確に記録する必要がある。

これらは，3D写真測量といった最新技術を使うと簡単に計測できる。ただし計測用の機材は高額であるため，これが使用できない場合には下げ振りを使って計測する方法（図1.9）がある。

歪みや柱の傾斜を計測したら，それらが生じている原因を考えてみよう。次にその原因に応じて，修復時に歪みを修正するのか，修正せずに修復するのかを決める。ともかく，歴史的建造物においては，角が直角で，柱が真っ直ぐ立っているものと決めてかからないことである。

図1.9　下げ振りを使った建造物の傾斜測量

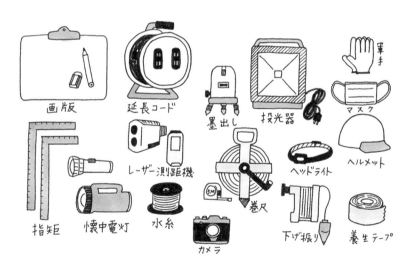

参考資料　調査用具一式

1.2 歴史調査

履歴を調べる

歴史的建造物は，建てられてから相当の年数が経過している。現在，我々が目にする建造物の姿が，建てられた当時と同じということは，ほとんどない。なぜなら，建てられてから現在までの間に何度も既存改修や保全の手が加えられており，ときには増築，改築，模様替えが行われているからだ（以下「改修」と総称する）。

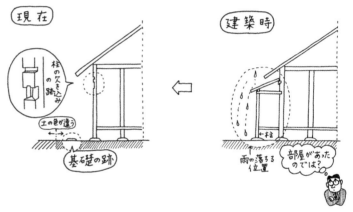

図 1.10　建造物に残された痕跡による復原考察のイメージ

そのため，歴史調査では，建築時から現在に至るまでの改修の履歴を可能な限り明らかにする。履歴を明らかにすると，建造物を構成する各部が，建築時のものか，改修時のものかが明らかになる。言い換えれば，建築時のものがどの程度保存されているか明らかになるので，この作業は「保存状況の調査」とも呼ばれる。また，改修の履歴が明らかになると，建築時を含めて，改修される前の各時代の姿が想定できるようにな

る。こうした作業は「復原考察」と呼ばれる（図1.10）。

　比較的近年の改修については，工事に関係した人々からのヒヤリングによって履歴が把握できる。一方，古い時代の改修をはじめ，ヒヤリングでは情報が得られない改修の履歴を調べる際に役に立つのが，建造物の各所に残された痕跡（図1.11）である。

図1.11　建造物の痕跡
小屋組内部に残された叉首尻（左写真）と束（右写真）の痕跡

　例えば，模様替えの時に部材や壁を外すと，建造物には部材や壁が付いていた痕跡が残される。この痕跡から，もとの状態が判断できるというわけである。また，木材は外部にあると，風化（「風蝕」と呼ばれる，図1.12）が進む。例えば，もとは吹き放しだったところに，後の改造で建具を外周に入れると，内部の柱には吹き放しだった時期にできた風蝕が残る。そして，建具を入れた個所では，建具の外側と内側で風蝕の度合いに変化が生まれる。このような痕跡から，改造の有無や，その時期が判断できるのである。

　とはいえ，痕跡は慎重に調査しなければならない。例えば，大工が間違って穴を開けてしまった部材の痕跡は改造の証拠ではない。また，歴史的建造物では，しばしばほかの建物の部材を転用するため，その部材にある痕跡は，転用元の建物が改造された際のもので，調べている建造

図1.12　風蝕が進んだ部材（懸魚^{げぎょ}）

物の改造の痕跡ではないこともある。

　発見された痕跡が当該建造物のものかどうかをより確実に特定するためには，多くの証拠をそろえることがポイントになる。複数の箇所でその痕跡が見つかれば，それだけ改造の可能性が高くなる。例えば，柱に壁を取り付けるための小舞穴や貫穴の痕跡がみつかった場合，向かい合う柱の同じ位置に同様の痕跡があれば，以前その場所に壁があった可能性が高くなる。また，小舞穴や貫穴のある位置を境に，柱に風蝕の差が生じていれば，そこに壁があった可能性がさらに高まる。

建築年代，改修年代の特定

　歴史調査では，建築された年次と改修が行われた年次（以下「建築年代」「改修年代」という）とともに，建築時や改修時の工事関係者や背景等を可能な限り明らかにする。

　歴史的建造物がいつ建てられ，改修されたのかがわかっていないことは意外に多い。そこで，各年代の特定は歴史調査の重要な作業のひとつになる。しばしば，建築年代や改修年代が言い伝えられていたり，本やパンフレット等に記載されていることがあるが，参考にしても鵜呑みにしない方がよい。年代の特定にあたっては，そうした確度の低い情報ではなく，より確度の高い情報に基づいて判断する。

　確度の高い情報としては，建築時や改修時に部材等に記された墨書，その時に作成された棟札，古文書・記録といった歴史資料の類が挙げられる（図1.13）。ただし，歴史資料が残されていても，それが建築時のものか改修時のものかの判断も必要になる。実際の年代の特定のためには，前項で記した建造物の履歴に加え，建築の様式や部材の仕上げといったほかの年代特定の指標とあわせて，総合的に判断したい。

図1.13　建造物の歴史資料
左：古文書（家系譜），中：棟札（表裏），右：家相図

　また，建築年代や改修年代を特定するには，類例との比較といった関連調査も必要となる（図1.14）。類例の対象としては，近隣の建造物，同じ構造及び形式を持った建造物，同じ工事関係者が関与した建造物等，様々な切り口が考えられる。類例との比較は，年代の特定に役立つだけでなく，調査対象の建造物の特徴を明らかにするうえでも有効である。

　調査対象となる歴史資料は，墨書，棟札のほかに，図面や仕様書等の設計図書，見積書，役所等への届出書類をはじめ，様々である。近代建築のように比較的に建築年代が新しいものや，寺社建築，上層階級の住宅建築等については，何らかの資料が残されていることが多い。一方，民家建築のような庶民層の建造物は，普請帳と呼ばれる建築時や改修時の古文書・記録や，家相図によって改修年代が判明するものはあるが，資料が残されていることは比較的少ない。その場合には，家系図や位牌，墓碑等から，建築や改修に関係した当主を判断して，年代を特定する作業が有効である。

　建築年代や改修年代の特定にあわせて，建築や改修に関係した工事関係者（施主，設計者，施工者に加え，寄付者や支援者，工事の許認可に関係した役職者等）や，建築や改修が行われた背景についても歴史資料を用いて調査しておきたい。背景は，理由や動機に加え，時代や社会の状況といった工事とは直接に関わらないものも重要である。そのほかに，建造物の特徴を知るうえでは，立地環境や周辺の都市や集落との関係，

地域の伝統行事との関係，建造物が実際にどのように利用されたのかといったことをはじめ，建造物の姿や形にかかわる様々な背景が調査の対象となりえる。

　年代や関係者，背景が判明しない建造物よりも，判明する建造物の方が，歴史上の位置付けが明確になり，歴史的価値は高まる。また，調査からわかる詳細な事柄は，建造物に対する愛着を生み出す。例えば，調査によって先祖がかかわったものとわかれば，誰しも愛着は増すはずだ。詳細な歴史調査は，建造物の価値を生むための重要な作業なのである。

> **コラム　年輪年代学，放射性炭素年代特定法**
> 新しい建築年代の特定法として知られているものに，年輪年代特定法と放射性炭素年代特定法がある。前者は木材に残る年輪の幅の大小の傾向から，後者は木材に残る放射性炭素の半減期の特性から，木材が伐採された年代を特定できる。これらの方法によって，これまでおおよその年代しかわからなかった建造物の建築年代が，ほぼ特定できた例もある。なお，年代特定については，建築年代と木材の伐採年が近いことが前提になる。先述のとおり，古い時代の建造物は他所からの用材の転用がしばしば確認できる。その場合は，当然木材の伐採年は建築年代と一致しない。新しい建築年代特定法も万能ではないから，注意が必要である。

図 1.14　類例調査の例
山形県内には，羽黒山からの影響で，正面に唐破風と千鳥破風を付けた茅葺屋根の拝殿が多数みられ，それぞれの比較が可能である。
上：熊野大社拝殿（南陽市）
中：笹野観音堂（米沢市）
下：羽黒神社拝殿（米沢市）

工事中の調査

　歴史調査は，建造物の価値の特定に密接にかかわる調査である。そのため，工事着手の前に行っておくことを基本とする。しかし，建造物の履歴や，建築年代・改修年代については，しばしば工事中の調査による発見で明らかになることも多い。工事中の発見で，着手前の見解を改めなければならない場合もある。

　例えば，部位に記された墨書は，年代の特定のために重要な役割を果たす。なぜなら，その部位が建築時のものか改修時のものかがわかれば，墨書に記された年号が，建築年代か改修年代のいずれかに特定できるからである。ところが墨書は，柱のほぞ先，彫刻の裏面等によく書かれている（図1.15）。それらの箇所は，建造物を組み立てると見えなくなってしまうため，当該部位を解体する工事中にしか墨書を発見することはできない。

　痕跡の場合は，さらに工事中にしか発見できないものが多い。例えば，軒桁に垂木が釘止めされている場合に，垂木を外したら現在の垂木を止めていた釘穴と別の釘穴がみつかることがある。軒桁が建築時の部材である場合には，発見された釘穴の痕跡から，現在の垂木が改修で打ち替えられた後世のものであることが判明する（図1.16）。

　以上からわかるように，調査による発見は建造物の価値を高めてくれるので，工事中も慎重に調べるべきである。反対に，これを疎かにすると，貴重な歴史資料が発見されないまま見過ごされてしまう。それどころか，上記の例でも，もし軒桁を新材に交換していたら，歴史を示す証拠は永遠に葬り去られてしまうことになる。こうした理由から，修復においては「古い部材を取り替えることは可能な限り避ける」「やむを得ず取り替える場合には，記録を残す」ことが，原則とされている。

図1.15　蟇股の裏側に書かれた墨書
　　　　那須神社本殿（栃木県大田原市）

図1.16　垂木が釘で止められている様子

実例 調査による発見の重要性：慎重に調査しないと価値を見落としていたかもしれない痕跡——菊川赤レンガ倉庫（図1.17）

この倉庫の特徴が赤煉瓦の外観にあることは一目でわかる。ただ，初めて訪れた当時この建物は倉庫として利用されていたので，内部についてはお世辞にも美しいとは言えない状況だった。もしこの段階で調査をせずに転用の案をつくったら，外観を保存し，内部に手を加えて，カフェやギャラリー等にする案が出来上がっていただろう。

ところが，この建物の内部をよく調査すると，床面と天井面に取り付けた部材に，不思議な金具とほぞ穴を発見した。この金具等と古写真等から復原を検討したところ，この倉庫は茶の製造に使われていたことが判明した。よく調査をしないで利用していたら，この痕跡は永遠に失われていたことだろう。赤煉瓦の外観の建物は特徴的とはいえ，全国には類例が多数ある。一方，茶の製造に使った赤煉瓦の建物となると，ほかの類例を探すのは難しい。我々が見落としそうになった金具は，実はこの建物の価値を決めるうえで，非常に重要な痕跡だったのである。

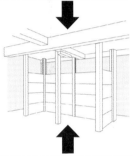

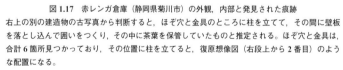

図1.17　赤レンガ倉庫（静岡県菊川市）の外観，内部と発見された痕跡
右上の別の建造物の古写真から判断すると，ほぞ穴と金具のところに柱を立てて，その間に壁板を落とし込んで囲いをつくり，その中に茶葉を保管していたものと推定される。ほぞ穴と金具は，合計6箇所見つかっており，その位置に柱を立てると，復原想像図（右段上から2番目）のような配置になる。

類例調査の重要性：痕跡だけでは判明しにくい仕様を，類例から地域特有の工法に復原——甲州民家情報館（図1.18）

通常，民家建築の小屋組に使われている叉首は，三角形をつくって屋根荷重を受ける。そのため，下端部をとがらせて梁等の水平材に指し込む形で納める。甲州民家情報館（山梨県甲州市）は，修復前は，茅葺の平屋建てが瓦葺の2階建てに改造されており（1階柱に2階柱を継ぎ足した），小屋組の叉首は失われていた。修復にあたり屋根の茅と小屋組を復原することになり，小屋組の納まりが問題になった。1階柱の頂部近くに小穴の痕跡が見つかったが，当初それが何を意味する痕跡なのか判断できなかったのである。ところが近隣の茅葺の家屋を見学すると，この地方では，叉首を水平材に納めず，柱に指し込むことがわかった。これで謎が解けた。柱頂部近くの小穴は，叉首が指し込まれた痕跡だったのである。結果として，地域特有の工法を使った茅葺屋根を復原することができた。この特殊な納まりは，建造物に残された痕跡による調査においても，類例調査の重要性を物語っている。

図1.18① 甲州民家情報館外観
　　　　　上：修復後，下：修復前

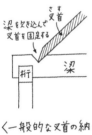

図1.18② 地域特有の工法を使った小屋組
　　　　左：発見された柱の痕跡，右：同じ小屋組の近隣の民家の納まり

1.3 破損調査

図 1.19 修復前の破損の様子
修復のための工事に着手する前には，多くの箇所に破損が発生している場合が多い。

　破損調査は，歴史的建造物の破損状況を正確に把握するために必要な調査である。既存改修でも行わるが，改良保全や歴史的建造物の修復では，より慎重な調査が要求される。建築物を長寿命化させるには，破損の原因を把握し，適切な処置を施さなければならない。

　歴史的建造物の修復においては，価値を持つ従前の姿を残すために，工事時に可能な限り変更を加えないことが推奨される。また，手を加える場合でも，もとの仕様にならうことが推奨される。そうした修復の原則を重視するあまり，破損の原因の究明をしないで，手を加えるのをやめたり，もとの仕様にならったりすることが，実際の修復工事の現場でもしばしばみられる。すると，修復前と同じ破損が早期に発生したり，原因に対処しなかったことで別の箇所に破損が生じてしまったりと，思わぬ失敗（瑕疵）が生じることになるので，十分に注意したい。

　つまり，破損の原因によっては，歴史的建造物といえども，手を加えて従来とは異なる仕様に変更することになる。例えば，設計や施工のミスといった瑕疵によって破損が発生している場合には，仕様の変更は避けられない。ほかにも，破損の原因が日常の管理に起因する場合には，修復での対応以外に，管理方法を直ちに改善することが望まれる。

　発生した破損の症状とその原因には，因果関係がある。したがって，破損調査を行う際に，事前に両者の関係を頭に入れておくと便利である。そこで本節では，歴史的建造物に発生しやすい破損の症状と原因について，両面から概観する。また，破損には，建造物に使われる材料，構造や形式に特有の破損や，気候風土に基づく地域特有の破損があるので，それらについても概観する。

　破損を発見してその正しい原因を探る作業は，経験の積み重ねに負う部分が大きい。本節で取り上げる破損の症状とその原因は，網羅的では

なく，代表的な一部の事例に過ぎない。様々な角度から発見し追究する姿勢と習慣を，本節から学んでいただきたい。

症状からみた破損

破損調査は，発生した破損を見つけて，その症状を分析し原因を探る方法が，最も一般的である。発生する破損の症状の代表的なものに，腐りや汚れ，ヒビ（クラック），寸法の変化がある。ここではそれらに絞って記述する。破損の原因は，破損が発生している箇所そのものに起因する場合も多いが，別の理由で発生していることもあるので，注意して症状を観察する。人の病気に例えれば，内臓の疾患が肌荒れとなって表出するようなものである。症状から的確に原因を判断しておかないと，取り返しがつかなくなることもあるので要注意である（図1.20）。

a）腐り，汚れ

腐りや汚れ（図1.21）の多くは，生物による破損である。例えば，木の腐りは腐朽菌という菌類の発生によるものであり，壁にカビや藻が発生すると，そこが汚れて見える。腐りや汚れは，あらゆる箇所に発生

図1.20 見つけにくい内部の破損

図1.21 汚れや腐りの例
左：水の吸い上げによる柱の腐り，中央：雨漏り箇所に発生した菌類，右：天井にできた雨漏り

図 1.22　茅屋根に発生した苔藻類

図 1.23　様々な寸法のクラック
上：ヘアラインクラック
下：大きな亀裂

し得るが，そのほとんどが温度や湿度が高くなり，菌類等が発生・繁殖しやすい環境が生じることで出現する。したがって，発生箇所は雨や湿気の影響を受けていると判断してよい。特に雨仕舞に問題がある箇所は，腐りや汚れが発生しやすい。腐りや汚れではないが，壁や屋根に発生する苔や藻も破損を誘発するので類似の被害といえる（図 1.22）。

腐りや汚れは，菌類等が発生しやすい環境から生まれるので，そうした環境を生じさせないことが一番の予防となる。また，生物にはそれぞれ嫌う物質が必ずある。腐りや汚れの発生防止のために，建材にそうした対抗物質を塗布したり混ぜたりして，菌類等の発生を防ぐ方法もある。この方法は一般に「抗菌」と呼ばれる。抗菌すると，狙った菌類等の発生は防げるが，代わりに別の菌類等が発生することもあるので，処置を行った後にしばらく経過を観察しなければならない。

b）クラック

ヒビは，専門用語でクラックと呼ばれる。髪の毛ほどの細いもの（ヘアラインと呼ばれる）から，大きな亀裂を生じているものまで様々な症状がある（図 1.23）。クラックが生じやすい箇所に，壁，基礎や組積造の建造物の目地等があり，発生箇所とその形状から，原因を推測することがある程度可能である。クラックの原因には，外力によるもの（構造クラック），材料の収縮によるもの（収縮クラック）等がある。

収縮クラックは，施工中やその後間もなく発生したものと，経年後に発生したものがあり，両者の見分けはつけにくい。土・漆喰・コンクリート等を使った湿式と呼ばれる構法の壁や基礎では，仕上がり時に乾燥による収縮が発生するので施工中のクラックが生じやすい。一方，タイル貼りのタイルや目地には，経年後に生じやすい。

なお，クラックが発生してしばらく時間が経過しているものは，当該部から水が浸入することで別の破損をもたらしている可能性がある。そのため，水の浸入の有無を必ず確認する。

実例 様々な構造クラック（図1.24）

地盤沈下によるクラックは，沈下している場所に応じた形で発生する。「せん断力」によるクラックは地震時等に発生しやすく，壁面や柱面にＸ字形にクラックが入るので判別しやすい。組積造の建造物では，地震時に壁の隅から斜め方向のクラックが発生しやすいが，これは隅部に応力が集中することによる。

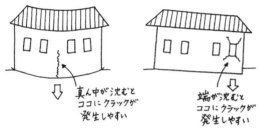

左：中央部が沈下すると縦に沈下クラックが入る。
右：端部が沈下すると斜めにせん断クラックが入る。窓廻りは特にクラックが発生しやすい。

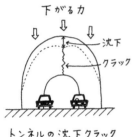
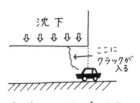

左：トンネル内部中央のクラック：構造物のアーチ中央部が沈下したことによって発生したクラック
右：トンネル出入口付近のクラック：出入口付近から内側に入った部分の上部が沈下したことによって発生したクラック

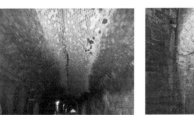

図1.24 組積造の構造クラック（東京湾要塞跡）©横須賀市教育委員会

c) 寸法の変化

寸法の変化の代表的なものに，沈下，傾斜，軒の垂れ下がりがある（図1.25）。

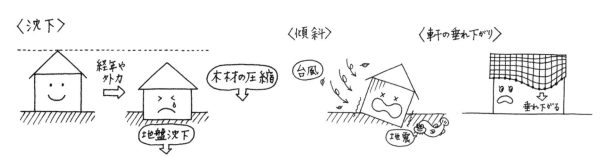

図1.25 沈下，傾斜，軒の垂下のイメージ

図1.26 水糸を使った沈下測量と測量のための水準器の使用

寸法の変化は，様々な箇所で発生するが，目で見て明らかなものを含め，計測して確認することが一般的である。計測には，下げ振り，水糸，水準器等を用いる（図1.26）。重要なのは，変化が進行中なのか，安定しているのかを確認することである。変化の進行の有無は，一定の時間をかける継続的な計測によって確認できる。進行中の場合には，将来の危険発生を除却するために，直ちに原因に対処した方がよいことも多いので，特に注意したい。

寸法が変化する要因としては，外力によるもの，経年によるもの等がある。外力によるものは，地盤沈下による沈みや歪み，地震や台風による傾斜といったものが代表的である。経年で生じるものは，木材の乾燥収縮や梁のクリープといったものに代表される。特に木造建築では，各部の木材が経年で乾燥収縮すると，強度が低下し，隙間やねじれ等が生じて，それに起因する寸法の変化が生じやすい。また，部位によっては構法が原因で特有の寸法変化が生じることもあるので，覚えておくと便利である。伝統的な寺社建築にみられる軒の垂下は，その代表例である。

実例 寸法変化の進行の計測

寸法の変化が進行しているかどうかは、特定の場所から建造物を随時観察して、その移動の有無を計測する。計測にあたっては、建造物にターゲットと呼ばれる目印（図1.27）を取り付け、移動のない箇所を基準にして、ターゲットの位置を継続的に測定すると、状況を把握しやすい。

図1.27　建造物に取り付けたターゲット
左：韓国の石塔（安東市）。塔身と軒の境目に取り付けている
右：柱の脚元に取り付けたもの

実例 寺社建築の軒の垂下（図1.28）

大きな軒の出がある寺社建築では、経年によって軒を支える組物の斗や肘木の強度が低下し、圧縮力でつぶれていく。このため、軒先に垂下が発生しやすい。加えて、入母屋造や寄棟造の屋根の場合、軒の四隅は軒の出が最も大きくなるので、特に垂下が生じやすい。寺社建築では、これらの軒の垂下を防止するため、小屋裏に桔木を入れて軒先を跳ね上げる。けれども、隅に近い場所と軒の中央は桔木を入れやすいが、そちらを優先して入れると、それ以外の場所に桔木を入れにくくなる。そのため、大規模な建造物では、中央の両側をはじめ、桔木を入れにくい場所で軒先が下がり、軒先の線が波を打ったような形になっていることが多い。

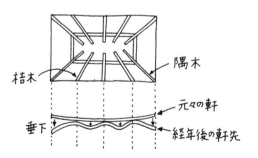
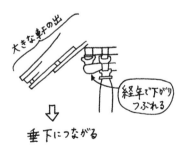

図1.28　寺社建築で軒先の垂下が発生しやすい場所と、組物のつぶれ、折損による軒の垂下のイメージ
右上：軒先の垂下の様子

要因からみた破損

　建造物の破損の原因については，学術上は，物理的要因，化学的要因，生物的要因，経年劣化，欠陥・瑕疵（人為的要因）に分類される。この分類は，知っておくと便利ではあるが，実際の破損は，ある破損が別の破損を生じさせる等，複合的な要因によって生じているものも多い。人間でいう合併症のようなもので，修復の現場において破損原因を判断しようとすると，上記の学術分類の要因に単純にはあてはまらないことが多々ある。ここでは，破損の要因を学術上の要因分類に沿って学ぶのではなく，水による破損，虫害による破損という代表的な二つの事例をもとに，複合的な要因で破損が生じることを含めて紹介する。

a）水による破損

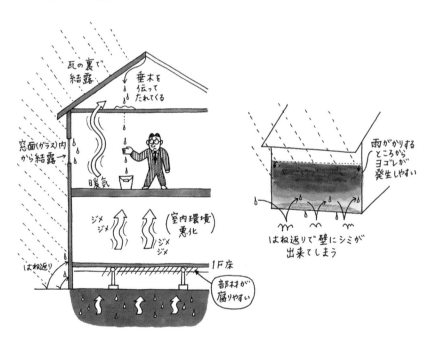

図1.29　水による破損のイメージ

水による破損は,俗に「外,下,内」の3方向から進むといわれる（図1.29）。例えば,木造建築の場合,初期の破損は,木材のシミや変色となって表出するが,破損が進むと,それが腐りや汚れ,虫害にかわる。それがさらに進むと,部材の強度が低下し,軸部の歪みや沈下といった破損も生む。学術上の分類にあてはめると,初期の破損は経年劣化によるもの,腐朽や虫害は生物的要因によるもの,歪みや沈下は物理的要因によるものということになる。

　外からくる水とは雨のことで,頻繁に降る雨は,室内に雨漏りや雨水の浸入を発生させる。被害が発生しやすいのは,軒先やけらばを含む屋根面や窓まわりだが,ほかに,前項で述べた通り壁面等のクラックからも水の浸入がある。下からくる水とは,地盤および周辺からの水で,ほかに地面からの雨の跳ね返り（図1.30）,基礎まわりの結露等もある。地下水位が高かったりや粘土質で水はけの悪い土地では,地盤面が常時湿っており,基礎や床まわりが水を吸い上げやすく,破損が生じやすい。内からくる水とは主に結露で,ほかに配管の水の流出等がある。

　雨漏りは,浸入した水が屋根の勾配に沿って流れたり,毛細管現象等によって広がることで,他所に表出しやすい。よって,破損が発生している箇所と雨水が浸入している箇所が,必ずしも一致しない場合があるので要注意である。例えば,雨水が屋根面から入った場合,その直下の室内ではなく,勾配をつたって軒先でシミや変色として表出するのは,よく見られる現象である（図1.31）。下から来る水で注意したいのは,歴史的建造物の周辺地盤の高さである。周辺の地盤は,落葉の堆積等によって地盤面が建設時よりも高くなっていることが多く,内側に水が入りやすくなるのである（図1.32）。

　結露は,暖かい空気が冷たいものと接するところで発生する。窓ガラスの室内側や風呂場の天井に結露がみられるのはこのためである。あまり知られていないが,室内の空気が温まりやすい台所の周辺も結露が発生しやすい。また,暖かい空気は上昇するので,天井付近や小屋裏も結露が生じやすい。変わったところでは,土で野地を葺かない瓦葺（カラ

図1.30　地面からの跳ね返りの汚れ
縦方向の雨樋のかわりに使った鎖から地面に落ちた水が壁に跳ね返り,汚れが発生している。

図1.31　軒先の雨の染み出し
垂木の先端の劣化から以前に雨による軒先の破損が進行したことがわかる。先端部に見られる雨の染みは,軒先からの水とは限らないので注意したい。

図1.32　経年による地盤の変化
土砂の堆積による地盤の上昇によって基礎が埋まってしまった様子。

葺）の場合に，屋根瓦の裏側で結露が発生することがある。

　石や煉瓦等は熱伝導が遅いので，朝晩の温度変化にともなって，表面温度が外気温よりも低くなっていることがある。こうした場合に表面に結露が発生しやすい。石や煉瓦の基礎の上に木造で土台や柱を置くと，基礎の表面に発生した結露を木が吸い上げてしまい，それが土台や柱の腐朽につながることがあるため注意したい（図 1.33）。熱伝導の異なる部材の接触面には結露が生じやすいが，両者の間に隙間があれば水の吸い上げは防げるので，隙間の有無を調べておく。

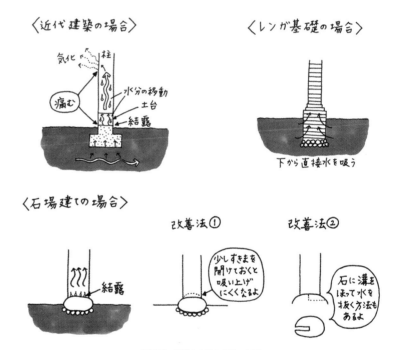

図 1.33　基礎からの水の吸い上げ

石場建ての結露防止：石場建ての基礎では，結露による水の吸い上げを防止するために，①石の表面の形に柱をあわせて加工する「ひかり付け」の際に中央部を少し浮くように細工する，②礎石に水抜きの溝を掘る等の工夫を加える，といった予防策が施されていることが多い。

コラム　石が永遠という幻想

「木造の建築は，木が腐るので保存しにくく，石造の建築は永遠で保存しやすい」といったことをよく聞く。それは本当だろうか。構造の違いによる保存の難易度は後に述べる（終章160頁）が，ここでは石材も劣化することを記しておきたい。

凝灰岩，砂岩といった柔らかく加工しやすい石材は水を吸い込みやすい。このため凍害や塩害による劣化が進みやすく，進行すると石材の表面が砂のようになる（図1.34，上）。花崗岩や安山岩等は，凝灰岩や砂岩のようには劣化しにくいが，それでも経年によって表面が汚れるし，場合によっては表面が薄く剥がれるような破損が発生する。酸性雨は，あらゆる石材表面の劣化を急速に進ませるうえ，屋根や壁に使われる金属板の劣化も促進することが知られている。

劣化した石材は，石材そのものを取り替える（図1.34，下）か，表面をセメントやモルタルで補修して石のようにみせかけて止水する（図1.34，中）といった方法で修復する。破損が著しくなった石材に樹脂を含浸させて，石材自体を再度強化する方法もあるが，表面の質感が変わるのに加え工費がかさむので，特殊な場合に限られる。

図1.34　石材の劣化と修復の例
上：表面が砂化し劣化した凝灰岩
中：劣化した表面を左官の擬石仕上げで補修している例
下：修復時に取り替えた彫刻のある石材

b）虫菌類による破損

　日本の伝統的な木造建築は，様々な虫によって破損されてきた。虫の種類によって被害の発生する箇所や症状は異なるが，木造建築の場合，前記した通り，木材が水分を多く含むと被害が発生しやすい。木材に被害を与える代表的な虫は，シロアリ，キクイムシ，シバンムシ，カミキリムシ等である（図1.35）。これらの虫は，木材に穴をあけ，木を食べ，そこで産卵や繁殖すること等によって，表面上の美観に影響を与えるだけでなく，場合によっては木の強度を低下させ，歪みや傾斜，倒壊の原因となることもある。

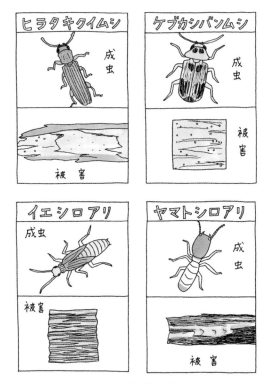

図1.35　代表的な害虫

被害が発生するのは，おもに木材の春から秋に成長した部分（木の木目と木目の間，「夏目」と呼ばれる）である。ほとんどの虫は伐採後に年数を経た古材よりも，伐採後の年数が少ない新材を好む。また，同じ材木では，年数を経ている木の中心に近い心材よりも，外側の年数の若い辺材を好む。ただし，シバンムシは新材よりも古材を好むので，歴史的建造物に被害を発生させやすい虫として知られている。

　最も多いのは，キクイムシとシロアリの被害である（図1.36）。キクイムシは，辺材の部分を好んで食すので，被害が発生しても木材の強度が著しく低下することは少ないが，シロアリは，心材，辺材を問わずに食すので要注意である。シロアリには，イエシロアリとヤマトシロアリがいる。ヤマトシロアリは，被害の発生個所から大きく範囲を広げずに繁殖するが，イエシロアリは大きく範囲を広げて建造物のいたるところに繁殖するので，より甚大な被害をもたらす。イエシロアリの被害は南の地方ほど大きく，関東から北では被害は少なく，東北・北海道ではほとんどない。南の地方では，近年，イエシロアリと似た外来種のアメリカカンザイシロアリによる被害も報告されている。

図1.36　代表的な虫害例
左：キクイムシの被害；心材は無事で，辺材のみが食べられている。
中：シロアリの被害；心材，辺材の区別なく食べられている。
右：ゴキブリに食べられた襖；紙に穴があいているところが被害箇所。端部も食べられやすい。

虫害を防ぐためには，薬剤を散布・塗布する，建造物を燻蒸する等によって，虫が嫌う環境をつくる，虫を駆除する方法をとることが一般的である。中には，シロアリの駆除のために，毒性を持った食べ物をコロニーに運ばせ，コロニーを根絶するといった特殊な方法もある。様々な対策はあるが，虫菌類による被害が発生すると，なかなか駆除しきれないことも多いので，可能な限り虫による被害を発生させないようにしたい。

　虫による被害を生みやすい環境は，菌類と同じく湿気が多い場所である。立地上の理由があるならともかく，湿気が多い場所は人為的にも発生しやすいので，そうした場所をつくらないことが虫害を生まない対策となる。例えば，建造物の周辺の樹木が成長しすぎていて日当たりが悪くなっている，樹木からの落葉が発生して屋根面や周辺地盤面に堆積が生じている，床下に雑物が多く置かれているといった状況は，被害発生させやすい。虫害を防ぐには，日当たりと風通しをよくして，雑物を置かず清掃を心がけることが一番である。

構造・材料，形式からみた破損

　建造物は，その構造，材料や形式に共通する特有の破損傾向がある。破損調査を行う時に，そうした特有の破損を覚えておくと便利である。一方，同じ構造，材料や形式を持つ建造物であっても，その建造物が置かれた環境の違いや管理の違い等によって，破損の発生状況は異なってくる。したがって，実際の現場では，個々の環境の違いに常に留意しながら調査を進めなければならない。

実例　特殊な被害（図1.37）

建造物を新築する時には，シロアリの被害が発生しやすい床下の材等には防蟻剤を塗布して予防措置を施す。

建設してから年数が経った古い建造物に使われている木材（以下「古材」と略す）は，伐採したての新しい木材（以下「新材」と略す）と比較すると，経年で水分や樹脂が減る。このため，シバンムシによる被害のような特殊なものを除くと，通常は虫による被害は発生しにくい。よって，修復の際には，床下のようなところに用いる新材だけに薬剤を塗る等の予防措置を施すことが多い。イエシロアリの被害が発生しやすい南の地方では，より多くの新材に予防措置を施す。

図1.37　カミキリムシによる被害にあった丹生津比売神社楼門の部材（修理工事報告書より）

重要文化財の丹生津比売神社楼門（和歌山県かつらぎ町）では，1972年に竣工した修復工事の時に，新材に予防措置が施された。ところが，工事から約20年が経過した頃に，防虫処理をしていない古材にカミキリムシによる被害が発生していることが判明し，再度の工事が必要になった（竣工は1994年）。これは，新材に施した防虫処理の効果が強すぎたため，古材の方が虫に好まれる環境になってしまったことによると考えられている。この事例は，古材だから虫害が発生しないと思い込むのは危険であることを示している。

コラム　動物による被害

建造物では，ときおり動物による被害も発生する。ハトの糞によって建造物が汚損する被害はよく知られている。特に寺社建築の軒下の組物は，ハトがとまりやすく，糞による被害が発生しやすいというように，建造物の形式に応じた動物の被害もある。

動物による被害は，その生息地との関係で，被害のあらわれ方に地域性もある。例えば，山間部に近いところでは，キツツキによる板壁等の木部への穴あけ（図1.38）という被害が発生する。

動物による被害を防ぐには，虫菌類と同様に，動物が嫌う環境をつくることが一番である。例えば，ハトは着地する前に体にものが当たることを嫌う。そこで，着地できそうな場所にトゲを置く，その周辺に糸や網を張るといった対策がとられている。

図1.38　キツツキの被害例
板に丸い穴を開けられてしまう。

図 1.39 塩害で表面が砂化した煉瓦
（東京湾要塞猿島砲台：神奈川県横須賀市）
海の近くでは，特に塩害が発生しやすい。
© 横須賀市教育委員会

a) 構造，材料に特有の破損

　木造では，前述した虫菌害がそれに該当する。煉瓦造や石造では，煉瓦や石の表面部分に石灰分や塩分が結晶化して汚れや粉状化が発生するエフロレッセンス（白華現象）や塩化被害（塩害）がある（図 1.39）。また，日照による収縮の繰り返しによって発生する目地のクラック等がある。RC 造では，コンクリート部分の中性化，アルカリ骨材反応や，鉄筋の錆，腐食等が発生し，それによって各部にクラック等の破損が生じることが知られている。

　こうした構造，材料に応じた破損については，歴史的建造物も一般の建造物も変わるところはない。建造物の保全を学ぶための概説書，並びに，各構造，材料を学ぶための概説書等にも，破損とその原因が紹介されているので，詳細についてはそちらを参照してもらいたい。

> **コラム　RC 造の中性化**
>
> コンクリートは，打設直後はアルカリ性である。その後，空気に含まれる酸素をはじめ，酸性物質に触れること等によって，年数とともに徐々に中性化が進展する。中性化すると，鉄筋に錆が生じやすくなり，鉄筋が錆びると強度が低下する。このことから，以前は中性化が RC 造の建造物の寿命を決めるといわれていた。ところが実際には，鉄筋の錆は水分が供給されることによって発生するので，中性化が進行しても，鉄筋のある場所に水分が供給されなければすぐには錆びない。このため，近年は，中性化が進行することと建造物の寿命を同一視する必要はないものとして扱われるようになった。

b）形式に特有の破損

歴史的建造物の形式に応じた特有の破損を紹介した概説書の類は少ない。そこで，ここでは伝統的な木造建築の層塔（五重塔，三重塔等）と土蔵，並びに，近代の洋風建築（以下「洋風建築」と略す）を例に，それを紹介する。層塔は経年による破損の例，土蔵は破損が表出せずに劣化が進行する例，洋風建築は瑕疵による破損の例である。

（ア）層塔の破損（図 1.40）

層塔は，多数の木材を積み重ねてつくる，上部からの積載荷重が大きな建造物である。そのため，経年による強度の低下と上部荷重からの圧縮力で，各部の木材が徐々につぶれていく。塔の軸部もまた，わずかではあるが背が徐々に縮んでいく。この寸法変化にともない，塔頂部の相輪の付け根にある露盤と，最上層の屋根との間に隙間が空き，そこから雨水が内部に浸入する被害が発生しやすい。

相輪は，層塔の中央部に立つ心柱の頂部に置かれるが，心柱は圧縮力

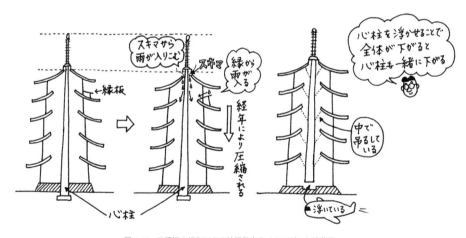

図 1.40　五重塔の経年による破損発生のメカニズムと改善策
心柱の吊り上げ：一部の塔では，心柱を上から吊り上げ，地上に着かない形で浮かせているものがある。これは，経年変化によって塔の背が縮み，心柱が塔を突き上げるような形になることを防ぐための工夫と考えられている。

を受けないのでつぶれず，相輪は露盤を含めてもとの位置のままである。それに対し，塔の高さの縮みに応じて屋根は下がっていく。そのため，露盤と屋根との間に隙間が生じるのである。

　同様に，各層に縁が付いている場合，その縁からも水が浸入しやすい。本来，縁には外側に向けて水勾配がとってあり，塔の内部に水が浸入しないようにつくられている。ところが，軸部の縮みに応じて縁の内側が下がるため，水勾配が逆になってしまい，内部に水が浸入する。

　（イ）土蔵の破損（図 1.41）
　通常，土蔵に表出する破損は，漆喰塗等の仕上げ部の経年による汚れ，クラック（建設直後に収縮によって発生する場合もある）程度である。ところが一方では，人間でいうところの内臓疾患のような劣化が進みやすい。具体的には，荒壁，中塗壁の経年による強度の低下，各仕上げ間の層間剥離，木部の腐りといったものがそれに該当する。

　木部の腐りは，雨漏りではなく，大壁造のため内部の湿気が放湿されにくいことや，壁そのものの湿気（建設時，建設後ともに）を木部が吸い上げることによって発生する。湿気の吸い上げは，木部の腐朽だけでなく，虫害を誘引することも多い。その被害は大壁側で発生しやすく，木部が見える内側からは見つけにくいという特徴がある。地震時に強い揺れが加わると，壁が崩落したり，漆喰塗が剥がれたりといった形で，こうした内部疾患の影響が一気に表出する。木部の腐りは，打音調査や部材に針を刺す等の調査をして，発見したら早期に対処したい。

　仕上げの漆喰塗は，劣化したものを塗り直している場合も多い。このケースでは，中塗りと馴染む形にしていないことから，層間剥離が発生していて剥がれにつながっている事例が多い。こうした破損は，塗り直し時に注意をすれば防げるはずなので，気を付けたい。

　このほかに，なまこ壁や鉢巻き（ハチマキ）等の特殊な仕上げ部分は重量が重く，それが接着力を上回っている場合には，地震時に崩落しやすい。また，壁の重さより下地の接着力が弱いと，同様に地震時に崩落

を招きやすい。こうした被害は，阪神・淡路大震災以降の大規模地震時に各地で報告されている。

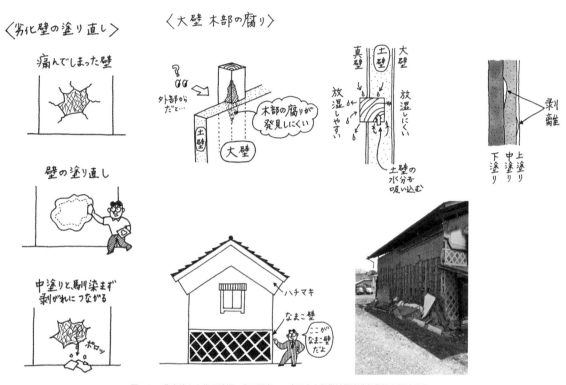

図1.41　代表的な土蔵の破損　右下写真：© 東日本大震災被災建造物復旧支援委員会

ケーススタディ　地震時の土蔵の被害（図1.42）

土蔵は，伝統工法による木造建築のなかでは，壁量も多く，柱間を多数の貫でつないでいるので，地震時に倒壊しにくいはずである。ところが，これまでの地震時の調査では，土蔵の甚大な被害が多く報告されている。それは，外壁の大壁部の崩落によると考えられる。建物の軸組が大きく傾斜したり倒壊したりしていなくても，大壁の崩落は，見た目には被害が甚大に見えるからである。

破損のメカニズムをより詳細に紹介すると以下の通りである。

土蔵では柱の外側に取り付く壁の重量が大きい。そのため，地震時にその部分にはたらく力も大きく，それが壁を留める下地の強度よりも上回る場合に，外壁の大壁の落下が発生する。

通常，土蔵の壁は，壁の下地の小舞に取り付けた「さげお（下げ苧）」に粘り付く形になっている。そのため，さげおの数や取り付け方によって，被害の有無は左右される。古い土蔵では，経年によってさげおが劣化し，壁の接着力が低下するので，それだけ被害の発生率が高まる。中越地震，中越沖地震の時は，新潟県の土蔵に特に大きな被害が生じた。これは，さげおが取り付く壁の下地となる小舞に，竹を使わずヨシを使っていたので，下地の強度がもとからなく，小舞ごと壁が落下したためである。

過去の地震では，数は多くないが，土蔵の倒壊や大規模な傾斜も報告されている。その理由は次の通りである。

建築面積が小さく，高さがある土蔵では，地震時にロッキング（3章108頁参照）が生じて転倒することがある。また，脚元が腐朽した土蔵（図1.43）や高基礎を用いた土蔵では，壁や貫が振動に抵抗する前に柱の傾斜や折損が発生する，高基礎が壊れる，高基礎から建物が落下する等によって大規模な被害が発生する。

また，壁の多い土蔵と開放的な民家の母屋では，振動による揺れの固有周期が異なる。発生した地震の固有周期によって，土蔵と母屋の被害発生率が異なることも，これまでの地震時の調査では報告されている。

図1.42　なまこ壁の崩落
熊本地震で崩落した土蔵：さげおの数が不足していることがわかる。　© 熊本地震被災建造物復旧支援委員会／中島孝行

図1.43　脚元が腐朽した土蔵の被害
中越地震で破損した土蔵：脆弱な壁の下地と脚元の部材の腐朽が被害を大きくしていることがわかる。

（ウ）近代洋風建築の破損

近代の洋風建築，特に初期の事例は，欧米の建築を真似てつくっているため，細部が我が国の気候風土にあっておらず，それが原因で破損が生じていることがしばしば見られる。代表的なものに，開口部からの雨水の浸入（図1.44②），屋根のドーマー窓や塔屋からの雨水の浸入がある（図1.44①）。

伝統的な木造建築でも，襖や障子といった開口部まわりの止水性能は高くない。けれども，伝統的な木造建築は開口部より外に軒を持ち出しているため，開口部への雨かかりが少ない形になっている。それに対して洋風建築では，開口部の上に軒を設けていないものが多いため直接雨がかかり，窓と窓枠の間から雨水が浸入しやすい（図1.45）。また，屋

図1.44① 雨仕舞からみた近代洋風建築の弱点

図1.44② 近代洋風建築の窓廻りの破損事例
窓枠の下枠の部分，ガラス戸のガラスの際（きわ）から，水が浸入している様子がわかる。

図1.45 伝統木造と近代洋風建築の雨仕舞の比較

根の塔屋やドーマー窓は高い位置にあるため風の影響を受けやすく，さらに開口部から雨が浸入しやすい環境になっている。

塔屋やドーマー窓は開口部からの雨水の浸入があるだけでなく，屋根との取り付き部分に谷ができるので，その部分からの雨漏りも発生しやすい。特に雪国では，雪が留まることによって谷部から水漏れが発生しやすい。こうした事情から，建設後の改造で塔屋やドーマー窓を撤去している事例が多数みられる。修復の際に，それらを復原するには，細部に工夫が必要である。

このほかに，洋風建築特有の破損として，地震時に発生する煉瓦造煙突の折れがある（図1.46）。煉瓦造煙突は，煉瓦の厚みに対して高すぎることが多く，耐震強度に問題がある。また，建造物本体と煙突では地震時の振動の周期に違いがあり両者が屋根面でぶつかるので，屋根面での折れが発生しやすい。折れた煙突が室内側に落下すると，さらに被害が拡大するので，煉瓦造煙突は可能な限り補強することをお勧めする。

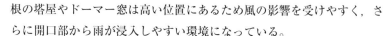

図1.46　地震で折損した煙突
©熊本地震被災建造物復旧支援委員会

地域特有の破損

建造物には，気候風土に応じて，地域特有の破損も発生する。ここでは，寒冷地でよくみられる凍害と雪害について紹介する。

凍害は，水が凍って体積が膨張することで発生する。水道管等の被害がよく知られているが，歴史的建造物では，瓦，煉瓦，石，タイルの表面にしみ込んだ水が凍って，その表面が爆裂し荒れた状態になることや，部材が割れるといった破損につながる。そのため寒冷地では，瓦等の表面に釉薬を塗ったものを使って，凍害の防止策としていることも多い。

雪害は，積雪によって生じる。積雪荷重によって建造物の歪みや破壊が発生するが，歴史的建造物には軒の出が大きいものが多いので，軒折

図1.47　軒折れ

図1.48 軒折れ，すがもれのイメージ

れが生じやすい（図1.47）。また，部屋上の積雪が室内温度の影響で溶け，軒先に積もった雪のところで流れが止まって水漏りが発生する「すがもれ」も，歴史的建造物に発生しやすい（図1.48）。軒折れやすがもれを防止するために，近年では軒先に電熱線をまわし，雪を溶かして落とす対策が採られている。

このほか，積雪が建造物の周囲に長期にとどまってしまうと，その荷重で歪みが生じたり，外壁が常に湿った状態になり，劣化が早く進みやすい。そのため積雪の多い地方では，冬期に「雪囲い」（図1.49）と呼ばれる仮設の装置を備え，建造物が積雪の影響を直接受けないようにすることが多い。また，雪がたまりやすい箇所の外壁には，湿気の侵食を受けやすい土壁を使わず板壁を使うことも多い。

図1.49 雪囲い

コラム　海浜部の焼き板の使用（図1.50）

土壁よりも板壁の方が劣化の進みが遅いのは，積雪地帯に限らず，海浜部でも同様である。海浜部は風が強く，それに塩分が含まれるので，外壁が傷みやすい。この対策として，関西地方の海浜部の歴史的建造物では，表面を焼いた板（「焼き板」「焼き杉」と呼ばれる）を使うことも多い。焼き板には，防風だけではなく防虫効果もある。

図1.50 焼き板を使った民家

1.4　調査に関する雑知識

　以下では，歴史調査，破損調査に関して，ほかに知っておくとよい事項を記しておく。

非破壊調査と破壊調査

　破損を発見するには，建造物を外観から目視して行う調査だけでなく，部分的に破壊することもある。前者は非破壊調査，後者は破壊調査と呼ばれる。例えば，土蔵のように内部で劣化が進行するもの（45頁）については，外観からだけではそれが判断できず，一部を壊してみると症状がわかることがよくある。このような場合に破壊調査が有効である。

　とはいえ，破壊すると建造物の美観が損なわれる。修復工事で建造物に大きく手を加えるケース以外には，調査時に破壊する範囲はできる限り小規模にとどめておきたい。そのため近年では，目視による非破壊調査でも表出しない劣化を把握できるよう，様々な機器や手法が開発されている。例えば，壁やタイルの浮きは，表面を叩く音で浮き具合を判断できる（「打診」と呼ばれる，図1.51）が，この音を機械的に診断して浮きを判断する機器もある。また，打診によらずに，日照時の表面の温度を写真撮影して温度の違いを測定することによって，浮き具合を判断する方法も開発されている（図1.7）のは先述の通りである。

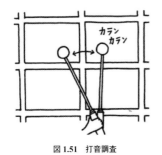

図1.51　打音調査

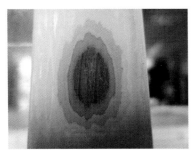

図1.52 ①　こすり出し
© 九段小学校／文化財保存計画協会

a）破壊調査による歴史調査

　歴史調査は，通常非破壊で行うが，仕様や仕上げを確認する際に部分的に破壊調査を行うこともある。例えば，壁や塗装の仕様を確認する時には，表面を少しずつはがしていき，塗り重ねた層の状態を見て，仕様

や仕上げを探る。塗装の場合は、表面を紙やすり等でこすって各層を表出させるので、「こすり出し」と呼ばれる（図1.52①）。こうした調査をすることによって、建設後に壁仕上げや塗装を塗り重ねていること、古い壁（図1.52②）や塗装の仕様、仕上げが判明したりする。

b）非破壊による見えない箇所の調査

壁の下地や屋根の下地等は、通常、仕上げの下に隠れていて見えないため、破壊調査によらないと仕様が判別しにくい部分・部位もある。しかし、それらの仕様を非破壊で調査する方法もある。X線を使って木造洋風建築の壁面の筋交いの有無や接合部金具の詳細を調べたり（図1.53）、レーザーを使ってRC造の鉄筋の有無や状況を調べたりするのは、その例である。

図1.52② 壁の調査

図1.53 X線調査の例
壁にフィルムを貼り（中央）、反対側から撮影すると（左）、木摺り、釘等の内部の構造を撮影することができる。

建造物に塗装で施された文様や彩色は、経年劣化で、その形や色が判明しなくなっている場合も多い。ところが、塗料の有無や色に違いがあると、部材の表面に発生する風蝕に差ができ、部材の表面に凹凸が生じる。そのため、その凹凸に斜めから光をあて、高解像度のカメラで撮影すると、凹凸の影が写る。それによって、文様の形や部分による色の違いが判明することがある（註）。

部材に記された墨書や落書の類も、経年で表面がすすけて真っ黒にな

【註】見えない色の復原
彩色は、変色して色あせたように見えていても、かすかにもとの塗料が残っている場合、その分析によって、もとの色が判明することがある。なぜなら、顔料系の塗料であれば、原料の岩石に金属反応が出るからである。

り，肉眼では字が見えなくなることがある。そういう時には，赤外線写真で撮影すると，字が判読できることが多い（図1.54）。

図 1.54　赤外線調査の利用例
赤外線写真で撮影すると目視では確認しにくい（写真右）墨書の「三月」といった文字が容易に判読できる（写真左）。

破損調査と保全の時期

通常の保全や修復は，破損が進行した後に，破損調査を行ってから着手される。一方，法律で耐用年限が定められていたり，一定年数で破損が進行することが明らかな場合には，破損が進行する前に保全や修復を行うことがある。日本建築学会では，前者を事後保全，後者を予防保全と呼んでいる。

予防保全は，建築物の長寿命化のためには理想的な方法だが，実際は，破損が進行していてもなかなか保全や修復に着手できないことの方が多い。ただし，予防保全は困難でも，定期的に点検や診断を行うと破損の発生を発見しやすい。また，破損の進行も的確に把握でき，原因の解明にも役に立つ。設備や機器については，法律で定期点検が義務付けられているものも多い。このような日ごろの取り組みによって，早期の事後保全や予防保全を行うことができ，大事故等を防ぐことができる。

Chapter 2:
Planning and Design

2章 計画・設計

建築の計画とは，通常，工事着手前に，建築物が施設として役割を果たすよう案を練る作業をいう。建築の設計は，その計画に基づいて行われる。歴史的建造物の修復では，通常の計画・設計で行う諸作業に加えて，その歴史的価値を継承するための設計を行う。

　このために策定されているのが，保存活用計画（保全活用計画と呼ばれることもあるが，本書では，保存活用計画と呼ぶ）である。本章では，最初に保存活用計画の立て方とその考え方を解説する。

　保存活用計画には，歴史的建造物をどのような施設として利用していくのか，そのためにどのような工事が必要になるのかといった，通常の計画と同じ内容も含まれるが，その解説は省略する。一方，防災対策については，通常とは異なる特別な計画（本書では「防災計画」と呼ぶ）を含む場合が多い。そこで，歴史的建造物の価値に与える影響が特に大きい耐震・防火を中心に，防災計画についても，その立て方と考え方の概要を，本章で紹介する。

　建造物を以前の姿に復原することに代表されるように，歴史的建造物の修復にかかわる具体的な計画・設計の結果やプロセスには，通常の計画・設計ではあまり見られない特別な手法や工夫がある。しかも，それらは修復時にごく一般的に採用されるため，その内容が保存活用計画に必ずしも盛り込まれない場合もある。そこで本章では，復原はもちろん，計画・設計時の特別な手法や工夫のなかから代表的なものを取り上げ，その効果や留意点などを紹介しておく。

　近年，既存改修や建築保全の実務では，設計・計画と同時に，工事前に行う施設の運営にかかわる「プロジェクトマネジメント」が重要視されている。本章でも，歴史的建造物の修復に関係するプロジェクトマネジメントの留意事項をいくつか紹介する。

2.1　保存活用計画

　保存活用計画は，英語で CMP（Conservation Management Plan）と呼ばれるもので，世界文化遺産をはじめ，世界各地の歴史的建造物において策定されている。日本でも文化庁が「重要文化財（建造物）保存活用計画策定指針」（1999 年）（註）を示しており，重要文化財をはじめとする文化財建造物で，計画が策定されている。

　保存活用計画の策定は，2019 年 4 月に施行の文化財保護法の改正において法定化された。また，市町村が条例でその策定を制度化している場合もある（終章 170 頁参照）。そのため，今後その策定がより重要になるものと推定される。法制度上，保存活用計画を策定するのは歴史的建造物の所有者等か行政機関だが，実際の策定業務は，歴史的建造物の修復に詳しい建築家・コンサルタント等の技術者が委託を受けて手掛けることが多い。

　文化財保護法における保存活用計画では，その策定によって，建造物に改造等の変更を行う際の規制に対し，国から地方公共団体に権限が委譲されることや，所有者等に対する規制が緩和されることが念頭に置かれている。権限の委譲および規制緩和の実態については，同法の今後の運用によって変わってくるので，ここでは説明を省略する。

【註】重要文化財（建造物）保存活用計画策定指針
http://www.bunka.go.jp/seisaku/bunkazai/hokoku/kenzobutsu_hozonkeikaku.html

【註】重要文化財（建造物）保存活用標準計画の作成要領
http://www.bunka.go.jp/seisaku/bunkazai/hokoku/pdf/hozonkeikaku_yoryo.pdf

策定の考え方

　歴史的建造物を修復する際には，その価値を残しながら，建造物に要求される様々な性能を確保していかなければならない。価値を残すため

には，建造物に可能な限り手を加えない方がよい。一方，性能を確保するためには，建造物に手を加えなければならない。この矛盾する二つの事柄を両立させる（図2.1）には，対象となる建造物に対して，手を加えてはならない場所（以下「保存部分」と呼ぶ）と，手を加えてよい場所（以下「その他部分」）を，修復前に決めておく必要がある。それが，保存活用計画の策定における第一の作業であり，これを策定する主な目的のひとつといえる。

図2.1 保存と性能確保のバランス

価値を残すことを考えると，たとえ「その他部分」であっても，手を加える範囲は最小限にとどめたい。一方，性能の確保を考えると，「保存部分」といえども，どうしても手を加えなければならない事態が生じることもある。この両者をいかに調整するかが，計画を策定する際の要となる。英語で「Management」なる語が用いられている所以である。

場合によっては，「保存部分」と「その他部分」の中間的な位置付けの部分「保全部分」を設定することもあり得る（例えば，文化庁の指針では，「保全部分」を設定することになっている）。いずれにせよ，歴史的建造物を将来にわたって継承していくためには，建造物に一定の変更を加えていかなければならないのは必定である。そのため，影響が少ない形なら変更を受け入れるという認識を前提に，変更の在り方をマネジメントし，計画を策定していくことがポイントとなる。

豆知識 保存活用計画の国際比較

欧米の先進国では，将来に何らかの変更の手を加えることが前提で保存活用計画が策定されている。ところが，日本の保存活用計画は，保存のための計画が主眼となっており，世界の標準から見ると非常に建造物の活用が進めにくい形である。特に，国指定の史跡における計画は，保存の原理原則を貫くことを前提としており，非常に限定的な活用しかできない運用になっている。

「保存部分」「保存部位」の決定

「保存部分」は，歴史的建造物の価値を残すために重要で，性能確保にあたっても，可能な限り手を加えてはならない部分である。価値を残すために重要な部分であるから，決定には，歴史的建造物の価値がどのようなもので，それが何によって生じているのかを考え，明示する必要がある。

歴史的建造物の価値については，国の文化財保護法に基づく，有形文化財建造物の国宝・重要文化財の指定基準，登録有形文化財の登録基準が参考になる（図2.2）。それらの基準に示されているものが価値の理由となる。日本建築学会「建造物の評価と保存活用ガイドライン」(2007年3月)（註）では，歴史的価値，文化・芸術的価値，技術的価値，景観・環境的価値，社会的価値から，建造物の評価を検討すべきとしている。

世界的には，歴史的建造物の価値は建築的（Architectural）価値と歴史的（Historical）価値によって判断されることが多い。建築的価値については，日本建築学会や国宝等の考え方と，ほぼ一致するとみてよい。具体的には，地域のランドマークとなっていること，建築家や大工棟梁

【註】日本建築学会：建造物の評価と保存活用ガイドライン，2007年3月
https://www.aij.or.jp/scripts/request/document/070810-1.pdf

図2.3 国宝：松本城天守（長野県松本市）
© 中島智章

図2.4 重要文化財
法明寺鬼子母神堂（東京都豊島区）

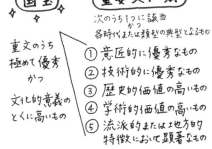

図2.5 登録有形文化財
高橋家住宅（東京都檜原村）

図2.2 国の文化財保護法に基づく，有形文化財建造物の国宝・重要文化財の指定基準，登録有形文化財の登録基準

の代表作であること，様式や技術に特徴があること，希少性があることをはじめ，様々な理由がある。一方，歴史的価値については，日本建築学会や国宝等の考え方のような建築の歴史上の位置付けではなく，人物や事件とのかかわりが重視される。具体的には，著名人の生まれた・暮らした家，著名な事件が発生した場所などである。

「保存部分」の決定にあたっては，保存状況の良否も判断の指標となる。歴史的建造物には，建設後から現在にいたるまで多くの手が加えられている。したがって，価値がある「保存部分」に特定するには，原則として，その箇所が良好に保存されていることが条件となる。ただし，手が

図 2.6 保存活用計画の策定：外観
外観は，正面・側面・背面の方位別に保存部分を決める。保存部分では，開口部・壁・屋根等の部位別に保存部位を決める。

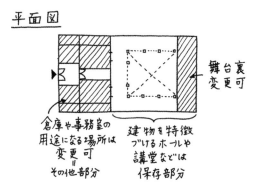

図 2.7 保存活用計画の策定：内部
内部は，各部屋ごとに保存部分を決める。廊下や階段は部屋と同様に扱う。

加わっている場合でも，価値のある姿に復原できるようなら，例外的に将来の復原が前提の「保存部分」とする場合もある。

通常，建築物については外観と内部に分かれるので，「保存部分」もそれぞれについて決定する。外観については，立面図上の方位別に，内部については平面図上の部屋別に定める（図2.6，2.7）。

外観，内部には窓，屋根，天井，壁等の様々な部位がある。そこで「保存部分」が決まったら部位ごとに，「保存部位」と「その他部位」に分類する。例えば外観の場合，屋根・壁を「保存部位」に，窓・基礎は「その他部位」に分類し，内部は，天井・壁・窓を「保存部位」に，照明・カーテン・床は「その他部位」に分類するといった具合である（図2.8）。

「保存」といっても，部位によってはそのものを残す場合と，取り替えてももとの仕様にならう場合があり得る。例えば，洋風建築の室内にあるテラコッタ装飾のようなものは，そのものを残す部位だろうし，古民家の茅葺屋根は，材料となる茅は葺き替えるが，もとの仕様にならって茅葺を残す部分・部位である。このため，保存活用計画を厳密に策定する場合には，「保存部分」「保存部位」をいくつかのグレードに細分類する方が現実的である。

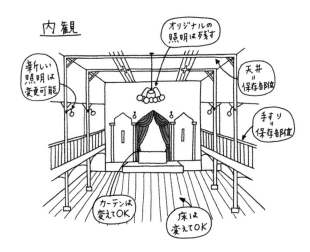

図2.8　保存活用計画：内部の保存部位の決定
内部の部位には，天井，床，壁，開口部のほかに，照明器具やカーテン等も含まれる

保存の優先順位

　実際の修復では，性能を確保するために，価値ある部分であっても変更の手を加えなければならない事態が生じる。保存活用計画を厳密に策定し，「保存部分」「保存部位」を再分類したうえで保存の優先順位を定めておくことは，そうした事態にそなえる意味でも有効にはたらく。

　例えば，耐震性能を向上させるために構造補強を行うとなった場合，外観・内部ともに影響を及ぼさない形で補強できることはごく稀である。すると，補強が見える場所を，外観と内部のどちらにするか決める必要が出てくる。それは価値の重要性に応じて定める。仮に地域のランドマークとなっているような建造物の場合には，外観が重要になるので内部に補強を施す。事件の舞台となったような建造物であれば，それが起きた室内が重要になるので，外部に補強を施すといった具合である。

　こうした優先順位による取捨選択は，部位ごとに様々な場面で生じる。例えば，ある部位が老朽化して構造上の性能を果たすことができなくなったケースを考えてみよう。その解決策として，もとの部位を残し，新しい補強材を付加して構造性能を確保する方法がある。この場合は，部位の保存はできるが，建造物のデザインは変わってしまう。一方，部位を新しい素材に取り替えて構造性能を確保するなら，もとの素材（材料）は失われるがデザインは変わらない。両者のどちらが良いかは，建造物の価値に応じて異なってくる。

　何かの面で最古の建造物であるような場合には，古いことを示す部位が残ることの方が重要だろうし，著名な建築家の作品のような建造物の場合には，デザインを変えないことの方が重要だろう。これらを現場で判断していくには，保存活用計画において，「保存部分」「保存部位」がどのような価値によって決められているかが大きく影響するのである。

豆知識 歴史調査と保存部分

通常，建造物の歴史調査を詳しくすればするほど，その建造物に愛着がわき，残したい「保存部分」が増えていく。ついには，全部を残したくなるのだが，保存活用計画の策定にあたっては，心を鬼にして，残したいところでも，保存の優先順位を下げる，もしくは，「その他部分」にする覚悟を持たなければならない。価値を知りつつ，断捨離もできるのが，真のプロフェッショナルの姿である。

煉瓦造の構造補強

煉瓦造では,しばしば鉄骨を用いた構造補強が行われる。山形県旧県会議事堂(山形県山形市,図2.9)は内部を重視した例で,旧丸山変電所(群馬県安中市,図2.10)は外観を重視した例である。

内外に補強をみせない方法として,煉瓦壁の内部に穴をあけて,そこに鉄筋やステンレス棒を挿入し,無収縮モルタルで固定する方法がある(図2.11)。旧丸山変電所では,妻壁の補強にこの方法が採用されている。この方法をとると,見た目への影響は少なくすむが,壁の頂部に穴をあけるために屋根と小屋組の一部を解体する(丸山変電所の妻壁ではこの作業は行わずにすんだ)等,工事手間の増加を見込む必要がある。

図2.9 内部の保存を優先した山形県旧県会議事堂　内部写真提供:永井康雄

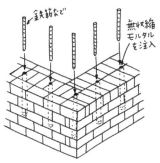

図2.10 外観の保存を優先した旧丸山変電所　提供:湯本 桂　　図2.11 鋼棒を使った組積造の壁補強

変更が必要となる理由

　歴史的建造物といえども，施設として使い続けていくためには，必要とされる性能を確保し，適宜変更の手を加えなければならない。それは，どのような性能だろうか。

　まず，それぞれの施設に応じた要求性能や仕様が法制度で決まっていることが多い。したがって，そうした法制度に沿った変更が求められる。例えば，耐震，防火（消防），バリアフリーといったものは，その代表的なものである。

　次に，施設にはその用途に応じた機能が要る。歴史的建造物を施設として使い続けるためには，その機能に不足する部分を補わなければならない。特に近年の建築では，快適性や利便性を得るために，空調，給排水，電気，機械，通信といった様々な建築設備が必要になってきている。さらに，炭素の排出抑制の観点から，建築の省エネルギー化も求められる。歴史的建造物においても，それらに対応するために新たな設備を設置していくことが求められる。ところが，設備は建築物の躯体に比較して寿命が短く，その更新の必要性も頻繁に発生する。そのため，歴史的建造物への設備の設置にあたっては，部分的に手を加えたり，ときには模様替えや増築を行ったりして，設備を更新しやすい形にしておくことも，重要な課題になる。模様替え，増築を行う箇所は，可能な限り「その他部分」で行うことが望ましいが，設備の設置は，「保存部分」にも必ず発生する。そのため，部位の優先順位などに応じて，適宜手を加えていく箇所とその方法を判断する。

実例 旧第四銀行住吉町支店（図 2.12），旧九十銀行本店（図 2.13）

この二つの建造物は，もと銀行の店舗であったものを，それぞれ博物館の付属施設，資料館として転用したものである。いずれも，トイレの拡充をはじめとする水回りの充実やバリアフリー化が求められた。その対応のために，新潟の事例は建造物の一部を模様替えする，盛岡の事例は建造物に増築を行うという異なる方法が採用されている。新潟では，附属屋の内部に新しい部材を付加してデザインを変更している。盛岡では，新しい建造物を増築し，外観を変えることによって，水回りの不足とバリアフリーに対応している。

図 2.12　旧第四銀行住吉町支店（新潟県新潟市）　提供：新潟市教育委員会

図 2.13　旧九十銀行本店（岩手県盛岡市）

2.2　防災計画

策定の考え方

　建造物の安全は，人々の生命・財産と深く関係している。そのため，建築基準法，消防法等の様々な法制度（以下，「建築基準法・消防法等」と略す）が定められている。歴史的建造物にいかに価値があるといっても，建造物によって人命が失われたり，人が怪我をしたりするようなことがあってはならない。したがって，歴史的建造物においても，そうした法制度に則って，防災の対策を講じることになる。

　ただし歴史的建造物は，建設後に相当の年数が経過しており，それらが建設された後に建築基準法・消防法等が制定・改正されている。そのため，歴史的建造物のほとんどは現在の建築基準法・消防法等には適合しておらず，それらが求める性能を満たしていない。

　よって，修復時には，現在の建築基準法・消防法等に適合させて性能要求を満たすことが理想だが，規定通りに適合させることが価値を保持するうえで難しい場合も多い。例えば，茅葺屋根は火災にあいやすいが，茅葺に歴史的価値があるならば，防火上の理由で不燃材の屋根に取り替えることは困難である。

　そこで，建築基準法・消防法等では，歴史的建造物を現在の制度に直ちに適合させなくてもよい措置や，特例的な扱いにできる措置がとられている（建築基準法第3条，消防法施行令第32条，終章168〜172頁参照）。とはいえ，防災上危険な状態で建造物を存置はできない。当然ながら，修復時には可能な限り防災性能を高めることが求められる。

　前記した通り，茅葺屋根のように歴史的価値を持つ「保存部分」「保存部位」は，防災上の弱点となりやすいが，変更は困難である。一般的には，特別な設備を設置したり，「保存部分」「保存部位」以外のところ

（主に「その他部分」「その他部位」）を強化したりして，弱点を補う工夫が図られている。例えば，火災にあいやすい茅葺屋根では，消火栓，ドレンチャー，放水銃等の消防用設備を設置したり，屋根下地や小屋裏に燃え抜け防止の耐火ボードを使ったりして，延焼を防いだり，燃えても躯体等の主要構造部に被害が拡大しないようにする措置がとられている（図2.14）。

図2.14　茅葺屋根の消防方法
棟に取り付けたドレンチャー設備から放水している様子（写真）

「保存部分」「保存部位」以外の箇所を強化しても，なお安全上の問題が残ることもある。その場合には，利用人数，利用方法を限定する，監視や誘導等，管理方法に特別な工夫を加えるようなソフト面での対応を図る（図2.15）。

例えば，歴史的建造物を公開して見学できるようにする場合，案内人が付いて少人数を見学させる形とすれば，緊急時の避難誘導が簡単になり，地震時や火災時の安全確保や危険度は低下する。耐震性能が不足し

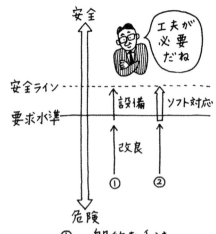

図 2.15　特殊な方法による安全性確保の概念図

ているものについては，見学者にヘルメットの着用を義務付け，注意を喚起する方法も考えられる。すなわち，防災上の課題を抱える歴史的建造物は，不特定で多数の人の利用に供する用途にすると施設の運営上の危険度が高まる。そこで，特定の関係者のみ，あるいは少数の利用に限定するのである。

なお，建築基準法・消防法等では，ソフトによる措置は原則として規定されていない。そのため，これらの対応を取る場合には，建造物を管理する所有者等のいわゆる管理責任が，通常以上に重く問われると考えればよい。といっても，建造物の管理責任は民法でそもそも課されている責任なので，それと大きく変わるわけではない。

先に述べた通り，歴史的建造物の修復は性能を向上させる絶好の機会であり，特に防災や安全にかかわる性能は可能な限り向上させたい。ただし，それには大きな費用と手間がかかる場合もあり，完璧に向上を図れないことも多い。そうした場合には，現時点で可能な範囲で性能を向

豆知識 過去の災害履歴を調べる

耐震，防火をはじめとする防災計画を策定するうえで，最初にしておきたいのは，過去の災害履歴の調査である。これによって，どのような災害が発生しやすいのか，また，過去に有効な対策がとられてきたのか等が判明する。地震については，周辺地域を含め，過去に発生した地震が記録報告されているので，参考になる（宇佐美龍夫ほか『日本地震被害総覧 599-2012』東京大学出版会，2013 年）。

上させるだけにとどめ，将来十分な性能が確保できるようにする段階的な改良計画を立てることも考えられる。建築基準法でも，既存建築物については，法に適合していない場合に，予め計画を立てて段階的に法に適合させていく特例を認めている（86条の8による「全体計画認定」）。

 木造の耐震補強（図2.16）

古くなった木造建築の耐震補強では，耐震性能を確保するために，躯体の強度を高める（壁を増やす，接合部を強化する，床・天井等の水平面の剛性を高める等），重量を軽減する（屋根荷重の軽減等），基礎まわりを改善・強化する（沈下修正，脚元の結束強化，基礎の構造補強等）といった工事を行うことが多い。ところが，それらを一度に行うのは工事費が大きくなるため簡単ではない。各部の工事を行う際に耐震補強も段階的に達成していけば，合計額は高くなるかもしれないが，一回の工事費負担は軽減できる。不特定多数が利用する施設では直ちに安全性を確保することが求められるが，一般の住宅のように特定かつ少数が利用する建造物では，保存活用計画の策定において段階的な補強の計画を立てることが現実的である（防災道路に面しているような特別な場合を除く）。

なお，阪神・淡路大震災以降の大規模地震では，古い木造建築の被害が大きかったことがしばしば報道されている。その原因は耐震強度の不足もあるが，むしろ，維持管理の状態が良くないために被害が拡大した事例が圧倒的多数を占める。したがって，住宅のような建物は，耐震補強をするより前に，良好な状態に維持管理することが重要である。

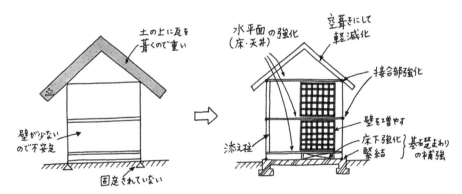

図2.16 木造建築の耐震補強

実例　安全と保存——グラスゴー美術学校

歴史的建造物は，保存する部分が弱点になることが多く，施設の管理上はその点に注意する。イギリス，スコットランドのグラスゴー美術学校（グラスゴー市）は20世紀初頭に建てられた有名な近代建築である。この建物には，建築時に木を組んでつくられた通気や配管のためのたて穴があった。現代では，たて穴部分に可燃物を使うと，火災時に被害の拡大を誘発する危険があることが知られている。だが，このたて穴は，建築設備に関する技術の発展を示す歴史上価値ある部分として，保存されていた。2015年に同建物内で火災が発生した際，この部分を通じて発生個所の地階から即時に上階へ炎が広がり，大きな被害をもたらす原因となった（図2.17）。同建物の被害は，危険な部分や部位を保存する際には，早期に何らかの代替措置をとるべきだということを物語っている。

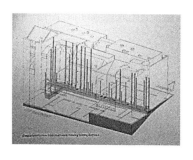
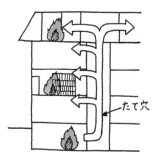

図2.17　グラスゴー美術学校の火災被害
左上：図書館の被害
中上：小屋組の被害
右上：火災を誘発したたて穴
左下：たて穴の価値の説明図
左：火災拡大の概念図：
たて穴を伝って各階に炎が広がり，さらに天井面から各階の部屋に火が移り，小屋組や図書館のような可燃物の多い箇所では，火災が激しくなった。

耐震

　建造物の耐震補強は，地震時に建物の内外で人に危害が及ばないように，予め行っておくことが理想的である。それは，歴史的建造物においても変わらない。加えて，地震時に「歴史的建造物に被害が及ばないようにする」意味でも，耐震補強は重要である。

　一方で，補強を行うと，デザインが変わったり，一部に手を加えざるをえなかったりと，価値に影響を及ぼすことが多い。これによって，補強することが困難な歴史的建造物もある。その場合も，地震時に容易に復旧できる壊れ方をするようにしておくなど，最低限の強度を確保することが望まれる。

　耐震については，文化庁が「重要文化財（建造物）耐震診断指針」（1999年策定，2012年改訂）等を示しており参考になる（註）。そこでは，耐震強度を，機能維持水準，安全確保水準，復旧可能水準の3つに分けており，建造物の利用方法や規模等に応じて，地震発生時に求める水準を分類している。壊れても容易に復旧できるレベルは「復旧可能水準」に該当する。また，理想とされる水準に至らない場合には，「経過的補強」を行い，地震時の倒壊を免れるといった最低限の強度を確保することが推奨されている。

　歴史的建造物には，現在の建造物とは異なる構法や技術が用いられている。そのため耐震診断にあたっては，強度をいかに見込むか，その構造上の特性をどう生かすかの検討が必要になる。昔の構法や技術に強度が見込める場合には，補強を少なく済ませられるので，それだけ歴史的建造物の価値に及ぼす影響も軽減でき，工事費のコストダウンにもつながる。例えば，木造の伝統工法で用いられる貫構法や指し付け構法（3章 115, 118頁参照）は，地震等で柱が傾き始めてから木材どうしがめり込んで粘り強さを発揮することが知られており，耐震診断時に現代の木造工法よりも柱の傾きを大きく見込める。そうした特性を生かすと，補強の箇所を減らすことができる。

【註】文化庁：文化財建造物等の地震時における安全性確保に関する指針
http://www.bunka.go.jp/seisaku/bunkazai/hogofukyu/pdf/kokko_hojyo_taisin10.pdf

重要文化財（建造物）耐震診断指針
http://www.bunka.go.jp/seisaku/bunkazai/hogofukyu/pdf/kokko_hojyo_taisin11.pdf

歴史的建造物の耐震強度を見込み，特性を生かすには，理論値による想定に加え，実験による検証を行うことが理想である。とはいえ，実際の実験には相当の費用がかかる。大学等の研究機関や行政の協力を得られる場合でないと，なかなか行えない。そこで通常は，既に実験値がある類例のデータを参考に設計する。近年は，国土交通省や文化庁が具体的な事例や関連するデータ（註）を公開しており，参考になる。

【註】重要文化財（建造物）耐震診断・同補強の手引
http://www.bunka.go.jp/seisaku/bunkazai/hogofukyu/pdf/kokko_hojyo_taisin17.pdf

同事例集
http://www.bunka.go.jp/seisaku/bunkazai/hogofukyu/pdf/kokko_hojyo_taisin16.pdf

国土交通省：伝統的構法データベース（伝統的構法データベース検討委員会）
http://www.denmoku-db.jp/

防火

建造物の防火に関しては，建築基準法と消防法で規定されている。消防法では，国が指定した「文化財」を特別な消防設備の設置義務がある「特定防火対象物」にしており（消防法施行令別表第1（17）），自動火災報知設備，消火器の設置を義務づける等の措置を定めている。また，一部の「文化財」については，消防法に基づく消防計画を定め，防火管理者を置くことが求められている。

一方，建築基準法と消防法の規定は，人命の確保を第一に定められており，文化財である建造物自体を火災から守ることは目的にない。そのため，歴史的建造物が火災にあった場合には，建造物そのものを火災被害から守らないと，その価値を失ってしまうおそれがある。そこで，歴史的建造物で火災が発生しても，被害を最小限にとどめることができるような特別な計画（計画は防災計画のなかでつくられるので，以下では「防災計画」と呼ぶ）を，保存活用計画のなかで立てる。この計画のもとでは，通常の建築基準法と消防法が想定しているものとは異なる方法や設備が必要になる。

a) 早期発見・初期消火の重要性

　歴史的建造物を火災から守るためには，火災を発生させないことが第一である。けれども，発生確率をゼロにはできない。火災が発生しても，早期にそれを発見（「早期発見」という）し，大きくならないうちに消火すること（「初期消火」という）が，より重要である。日本の歴史的建造物のほとんどは，木造の伝統工法である。それらは，内外装材に木などの可燃性の材料を使っているため火をもらいやすく，燃えると火のまわりが早いので，なおさら早期発見，初期消火が大事になる。消防法における「文化財」の自動火災報知設備と消火器の設置義務は，早期発見，初期消火のための最低限の義務といえる。

　早期発見と初期消火の確度を高めるには，予め火災の原因（放火，落雷，漏電，失火，近隣からの延焼・類焼，飛び火による延焼等）と危険度を想定し，火災がどの場所でどのように起きるかといった予測を立て，それに対応できる体制を整えておく（「火災シナリオ」と呼ばれる，図2.18）。例えばイギリスでは，歴史的建造物の火災対策について，火災の原因別に危険度を想定して（リスクアセスメント），危険度の高い方から対応法をとる（リスクマネジメント）ことが推奨されている。この場合，火災の原因をハザード，危険度をリスクと呼び，両者を使い分ける。

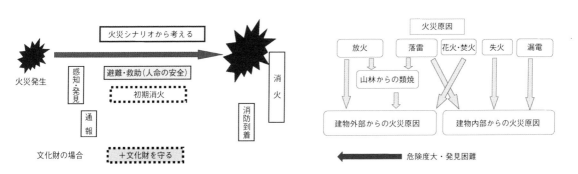

図2.18　発見から消火までの火災シナリオ（左）／山中にあり管理者が常駐していない神社建築でのリスクアセスメントの例（右）

火災報知設備は，単に設置すればよいわけではない。確実に火災を感知し，それを通報・受信するのに最も適した機器（感知器，警報器，受信盤）を適切な場所に置く必要がある。例えば，一般的な室内の天井に感知器を設置するのであれば，熱感知器よりも煙感知器の方が感知までの時間は早い。また，火災の発生を知らせる警報や信号は，確実に人がいるところに届けるようにしておく。

コラム　火災感知設備の種類と設置場所

国が指定した国宝・重要文化財の建造物をはじめ，多くの文化財建造物に用いられている火災感知設備に，差動式分布型の設備（機能と形状から「空気管」と呼ばれる，以下それを用いる，図2.19）がある。空気管は，熱で管が膨張することで火災を感知する形で，目立たないことから，文化財で好んで使われている。多くの空気管は天井近くの部材に取り付けられているが，この場所では，感知した時にはすでに炎が大きくなってしまっており，初期消火は手遅れに近い。文化財を火災から守るためには，見た目よりも，火災を早く感知できる機器を適切な場所に設置するのがお勧めである。本文中にも示したとおり，煙を使わない場所なら，天井面に煙感知器を設置する方が良い。ヨーロッパの歴史的建造物の保存の先進国では，感知器を目立たせないよう，天井面に小さな穴をあけ，天井裏に煙感知器を隠す方法（図2.20）が取られていることもある。

図2.19　差動式分布型熱感知設備

なお，吹き抜けのように天井が高い場所をはじめ，通常の煙感知器では感知が遅れそうな場所では，赤外線やレーザーで煙や炎のゆらぎをとらえる煙感知器や炎感知器のような特殊な器機を使う。

空気管の設置が有効な場所としては，縁の下や床下がある。三十三間堂（京都府京都市）では，1936年に不審者が床下に入って放火しようとしたが，床下に空気管が配備してあり，早期に放火を発見でき，事なきを得た。そのほかの放火への対策については，76頁に示したので参照されたい。

図2.20　天井裏に隠した煙感知設備
天井の格子にあけられている小さな穴が感知器の煙吸い込み口。天井裏に煙を吸い込む感知設備が置かれている。

コラム　落雷対策

落雷（図2.21）の対策としては，避雷針を設置する場合が多い。ただし，これによって落雷による火災発生のリスクはゼロにはならないし，避雷針に落雷すると，その周辺には何らかの影響が必ず出る。したがって，落雷があった場合には，その後に落ちた場所とその周辺を点検する。特に，落雷があると火災報知設備等の設備機器が壊れることが多いので，必ず点検しておきたい。

落雷にあいやすい建造物に，三重塔，五重塔等の塔婆建築がある。塔の頂部にある相輪と呼ばれる部分はほとんどが金属製のため，ここに落雷しやすく，相輪の付け根にあたる金属と木材の接触部から火災が発生しやすい。日吉神社三重塔（岐阜県神戸町，重要文化財）は，2010年に落雷の被害にあったが，落雷時に最上層から火災が発生したという昔からの伝えがあったため，氏子が落雷直後にそこを点検した。すると，実際に火災が発生していたのである。即時に火元への初期消火を行い，事なきに至った。落雷にあいやすい歴史的建造物では，このように落雷時に火災が発生しそうな箇所を想定して，被害を受けた後にできる限り早く点検を行うことを，防災計画に含めておきたい。

図2.21　落雷で焼失した寺院建築　提供：菅澤 茂

b）消火栓の利用

初期消火は消火器だけでは不十分である。消火器は，使える時間が短いことに加え，通常のものは上向きには使えない。また，火に近づかないと消火できない難しさもある。そのため，消火栓を使って対応することが望ましい。消火栓は，長い時間使えるうえ，上向きにも使用できるので，離れた場所からの消火活動も可能である。

通常の消火栓（管径65ミリ）は，水圧は強いが操作が困難である。そこで，アダプターを装着し（図2.22①）管径40ミリのホースを使えるようにしておくと操作しやすい（図2.22②）。可能なら，一人で簡単に使える消火栓（易操作性消火栓）を設置しておくと，より便利である（図2.23）。

消火栓がない場合には，貯水槽の水を使い，可搬ポンプで消火できる。

図2.22①　ホース付け替えのためのアダプター装着

予め貯水槽の位置を調べておき，簡単に操作できる小型の可搬ポンプを備えて，使用に慣れておきたい。貯水槽をはじめ，水道以外の水利があるところで可搬ポンプを使えば，高い水圧の水が着実に長く使えるので，安全度が高められる。

図 2.22 ② 40 ミリホースと 65 ミリホースの比較
左写真：ホースの太さによる筒先の違い
下写真：65 ミリホース（右）は男性二人でも操作が難しいが，40 ミリホース（左）は女性一人でも容易に使うことができる。

図 2.23 易操作性消火栓
提供：マヌ都市建築研究所

c）自主防災組織の結成

　火災を早期発見し，初期消火を行うのは，原則として歴史的建造物の管理者である。一方，常駐する管理者や夜間の管理者が不在など，管理体制が十分に整っていない建造物では，早期発見，初期消火に協力してくれる者を予め募っておき，その体制（「自主防災組織」という）を整えておくことが望まれる。

　警備会社による管理は，火災に対しては注意が必要である。なぜなら，火災発生の通報や警報に対して，出動しその発生を確認して消防機関への通報はしてくれるものの，通常，初期消火はしないからである。そのため，消防が到着した時には火が大きくなっていて，歴史的建造物の被害も拡大してしまう。つまり，歴史的建造物の被害を小さくしたければ，発見者がすぐに消火活動をするのが理想である。警備会社による管理は，定期的な監視等による防犯上の効果はあっても，火災から建造物を守る効果はあまり期待できないと考えてほしい。

　通常の建造物では，火災への防災計画は消防法の消防計画で策定されている。その策定は，現在の消防法では一部の「文化財」において義務となっているだけだが，そうであるかどうかにかかわらず，歴史的建造物については，消防計画はもちろん，価値を守るための特別な防災計画を立てておきたい。また，一般の消防計画には，防災訓練の実施も含まれているが，歴史的建造物の防災訓練については，火災シナリオに沿って，実際の早期発見・初期消火の活動を模擬的に行う，「発災型」と呼ばれる訓練が望まれる。歴史的建造物の消防に関する防災計画の策定にあたっては，少なくとも以上のような内容をふまえておきたい。

d）防災計画

　歴史的建造物の防災計画には，建造物が置かれた立地や周辺の環境，使用されている特殊な部位によっても，様々な工夫が必要になる。例えば，多くの歴史的建造物が建ち並ぶ寺社の境内等については，単体の建造物ごとではなく，境内全域で計画を立てることが望まれる。また，茅

茸屋根のように，飛び火による延焼被害にあいやすく，いったん火災が発生すると屋根の内部に火が潜り込み消火が困難になるケース等，特殊な消防用設備や対策が必要な部分・部位がある。ここでいくつかを紹介する。

事例　特殊な消防①　放火とその対策（図 2.24）

放火は，最も発見がしにくい火災である。対策としては，監視の強化（防犯カメラの設置，巡回警備等），建造物の周辺の見通しをよくする，夜間に人の往来を感知する照明をつける（人感センサー）等の抑止効果を高める予防措置がある。また，放火の対象となりやすい箇所（床下や脚元回りなど）に，火災感知器を付けることや難燃性の塗料を塗ることも有効である。外部からの放火への対策としては，炎感知器を設置する方法もある。

火災の発生を感知したら，早期に人的な消火ができることが理想だが，無人の寺社のようなところでは，それは困難である。そうした場合には，消防設備として火災感知時に即時に作動するスプリンクラーの設置が，最も有効である。監視カメラと連動してそれが遠隔操作できれば，誤作動がなくなるので，さらに効果的である。

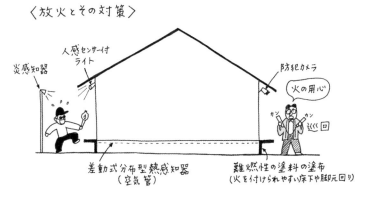

図 2.24　放火対策のイメージ

事例　特殊な消防②　歴史的建造物内部の美術品の救済計画（サルベージ・プラン）（図 2.25）

寺院の本堂に置かれた貴重な仏像等，歴史的建造物の内部に貴重な美術品が存在する場合がある。そうした建造物の火災時には，美術品を救出するための防災計画を立てておく必要がある。イギリスでは，持ち運びができるものとできないものを分け，運べるものに優先順位を付けておき，火災時に消防士がそれに則って運び出す計画が立てられている。国内では京都市でも，市民の協力で美術品を救出する「文化財レスキュー活動」と呼ばれる防災訓練が行われている。

とはいえ，美術品には，持ち運びにくいものも多い。それらについては，火災時に燃え抜けないシートや布で被い，その上から水をかけて布を濡らす等，動かさずに被害を軽減する措置の想定が望まれる。

なお，新設の美術館，博物館の収蔵庫には，ガス消火設備があり，人力に頼らずに消火できる形になっている場合が多い。

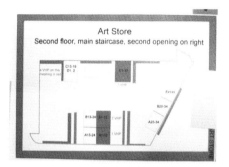

図 2.25　サルベージプランの例
イギリス・チェスター市歴史博物館のサルベージプラン
左：管理者が消防士に渡すカード。表面に収蔵庫の平面図に重要な美術品の場所と優先順位が示されている。
下左と中：収蔵庫内の優先順位一番の美術品には，数字の 1 が付けられている。
下右：チェスター市歴史博物館の内部

事例　特殊な消防③　茅葺屋根の火災対策（図2.26）

本文中でも記した通り，茅葺屋根は飛び火による被害にあいやすく，火が屋根内にもぐり込むため，その消火は困難である。こうなると，屋根を破壊して消火するしかない。ただし，破壊すると中に空気が通り，もぐり込んだ火が大きくなるので，この作業は水をかけながら行う。茅葺の建造物が多いオランダでは，公設消防が茅葺専用の体制をとっており，茅の破壊用の道具，屋根のなかにもぐり込んだ火を消す特殊な筒先（屋根の中に差し込むことができる）等の専用の器具を備えている。

国指定の重要文化財建造物に設置されているドレンチャーや放水銃（図2.27）は，飛び火への予防措置として有効だが，いったん着火した火を消しきることは難しいので注意したい。また火災は，飛び火だけでなく，内部失火もあり得る。この場合，着火した火の勢いを止めるには，ドレンチャーや放水銃よりも消火栓の方が機動性に優れ，確実である。

図2.26①　日本の茅葺屋根の消火事例とオランダの茅葺屋根の消防対策
上：火災発生後の屋根の破壊消防の様子　ⓒ福島県南会津町
中：積載車に積まれた破壊用道具と茅葺屋根専用ハシゴ
右上：茅葺屋根専用ハシゴ
右下：茅葺屋根に突き刺せる特殊な筒先
（中・右上下はオランダの例）

図2.26②　一般的な茅葺の消防方法

コラム　高粘度液体を用いた対策（図2.28）

能美防災株式会社，工学院大学，東京理科大学は，高粘度液体を用いた消防方法を共同で開発している（特許詳細については巻末参照）。この方法では，火の勢いを止める効果に加え，飛び火に対する高い延焼抑制効果と茅の内部にもぐり込んだ火の拡大を防止する効果があることが確認されている。具体的には，保水した液体が茅の表面に付着し内部に入り込むことで，火の熱を冷まし，表面から内部への空気の供給を妨げる。そのため，水源が不足していて，放水銃（図2.27）やドレンチャー等が設置できない場所での茅葺の消防対策として期待されている。

この高粘度液体は板にも付着するので，木造密集地の建物の軒裏や外壁に付着させて延焼を遅らせることもできる。このように，様々な利用が今後期待されている。

図2.27　放水銃の例（岐阜県白川村）
この放水のためには，相当量の水源と水圧が必要。

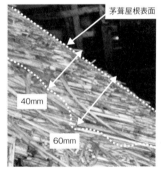

図2.28　高粘度液体
左上：高粘度液体は，せん断力を与えると粘性が失われ液体状となり，加力がなくなると，粘性を取り戻すチクソトロピー性を持つ。
左下：高粘度液体は，茅葺内部に浸透して付着する。放水より8〜9倍の水量が付着する。
右上：板に付着した高粘度液体
右下：高粘度液体は，水と同じ様に放水が可能。

事例 特殊な消防④ 木造密集地の消防（図2.29）

木造建築が密集する地域では、火災が発生すると周辺に被害が拡大しやすい。そして、日本の歴史的街並の多くは木造密集地域である。特に敷地の間口が狭く奥行が長い町家が密集するようなところでは、火災時に家の内部にいる人の避難がしづらく、裏側で火災が発生すると表通りからの消防が難しいといった問題が発生しやすい。

そうした街並では、火災を早期に発見し、火の勢いが小さいうちに消すことが有効である。そこで、延焼のおそれがある家のうち、いずれかが火災を感知したらグループで通報するシステムや、易操作性の高い消火栓といった早期発見・初期消火の能力を高める設備の設置をしておきたい。加えて、家の裏側に消防用のアクセス並びに住民の避難路となる道や通路（人が一人通れる程度でもよい）を確保できると、人の安全な避難の確保や周辺への燃え広がりの防止が期待でき、危険度を相当程度下げられる。

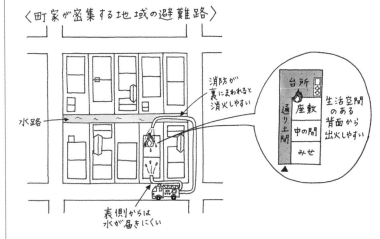

図2.29 密集市街地の火災と消防のイメージ（左）と密集市街地の家の裏側（右写真、石川県金沢市）

写真のような非常に細い隙間でも、避難経路と消防用のアクセスに使うことができる。

2.3　特別な手法，工夫

工程に施工時調査を見込む

　前章で述べた通り，歴史的建造物の修復では，施工時の調査によって様々な事柄が判明することがある（25頁）。前章では歴史調査に関わる発見を紹介したが，施工時に破損調査を行うことで，新たな破損の原因や建造物の欠陥や瑕疵が発見されることも多い。例えば，施工時に軸組を部分解体してみたところ，見た目以上に部材の腐朽が内部で進んでいる（図2.30）など，その発見によって，着手前に立てた計画・設計の見直しが必要になることがしばしばある。また，解体してみないと詳細部の構法や仕様が判明しないことも多く，判明した構法や仕様によっては，施工の手間が予測よりかかることもある。

　そのため，修復の計画・設計において工程を組み立てる際には，発見や見直しを予め想定し，一定の調査期間とその後の計画・設計の変更の検討を工程に見込み，余裕をもたせておくようにしたい。施工の手間が判明しない場合には，最悪の事態を予測して工程を組んでおく。また，場合によっては，施工時の調査結果による計画・設計変更ができるような契約や見積りをしておくことも必要である。

図 2.30　群馬大学工学部同窓会館（群馬県桐生市）解体時にみつかった腐朽（写真左）と修復後（写真右）板壁を解体したところ，壁体内部に雨水が予想以上に浸入しており，木部の腐朽が進んでいた。そのため，木部の構造補強の方法を見直すことになった。浸入したのは，樋に入り切らなかった雨水および，窓枠廻りの隙間から入った雨水と考えられる。

複数案の比較

　計画・設計時に，複数の案をつくり，最善と思われる案を採用することは，歴史的建造物の修復も一般の工事と変わりはない。ただし，歴史的建造物の修復の場合には，価値に対する影響を検討する点が異なる。また，文化財として法的に保護されているような建造物の価値は公的なものとなる。よって，保存箇所の決定は，設計者個人の判断ではなく，複数の目による客観的な判断が必要となる。この場合は，複数の修復案を出して検討することが重要な意味を持つ。国指定の重要文化財建造物の大規模な修復では，工事にあたって学識者を含む委員会が設けられ，その意見をもとに案を決定する。場合によっては，その是非が文化審議会にも諮問される。

　比較検討の際には，通常，優先順位の高い「保存部分」「保存部位」に手を加えずに残す方法が重視される。一方，優先順位の高い箇所に手を加えることで，より多くの部分や部位が保存できるような場合には，そちらを採用することもあり得る。また，大幅に工期の短縮や工費の削減が図れる場合には，「保存部分」「保存部位」であっても，それらに手を加える方法を採択することもある。旧小沢家（新潟県新潟市，図 2.31）はその例である。

復原（復元）

　復原は，修復の際に歴史的建造物を昔のある時点の姿に戻す行為である。歴史的建造物の修復にあたって復原がしばしば行われるのは，建造物のある時点での姿に，保存すべき価値があると解釈されていることによる。例えば，歴史的建造物の価値を人物や事件との関係に見出す場合

> **事例** 工期短縮の例：旧小沢家住宅（図2.31）
>
> 旧小沢家住宅では、周辺に工事用車両をとめる余地がなかった。そこで「保存部分」の座敷を一度解体し、庭園を壊さずに工事用車両が進入できるようにした。これにより庭園の保存と工期の短縮ができた。それだけでなく、座敷をいったん解体したことで、鉄骨を用いた耐震補強が行いやすくなり、開放性のある座敷の空間や意匠を保持した形での補強も可能になった。
>
>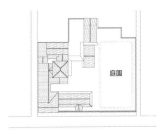
>
> 修理前の配置図　　　修理中の配置図
>
> 図2.31　旧小沢家住宅（新潟県新潟市）写真提供：新潟市教育委員会
>
>
>
> 旧小沢家住宅外観：
> 写真右奥（丸で囲んだ部分）が座敷
>
>
>
> 上空から見た旧小沢家住宅と庭園

に、その人物が生きた時代や、事件が発生した時の建造物の姿を、その価値として重視するといった具合である。

　歴史的建造物の復原は、学術的根拠に基づいて行われる。文化財保護法に基づき国が指定した国宝・重要文化財の建造物では、復原の是非が文化審議会によって審議される。

　文化庁では、失われた建造物を学術的根拠に基づいてもう一度つくる行為を「復元」と記して、現存する歴史的建造物に対して行う「復原」と区別している。けれども、日本語としては、「復原」と「復元」は同義である。アメリカでは、「復原」はRestoration、「復元」はReconstructionと明確に呼び分けている（終章162頁参照）ので、日本でも

それにならって,「復元」ではなく,「再現」もしくは「再建」を使うべきだろう。本書では,「復元」のかわりに「再現」を用いる。

復原や再現を行うための学術的根拠となるのは,古写真,古図面等に代表される歴史資料である。これに加えて,復原の場合には,調査において発見される,建造物に残された痕跡が学術的根拠となる（図 2.32）。

一方,古写真,古図面等があっても,納まりや細部の寸法をはじめ,詳細は判明しないことが多い。また,建造物に痕跡が残されていてもわからないことは多い。例えば,柱間がもとは壁や建具だったことはわかっても,それらの詳細な仕様はわからない。こうした場合には,同じ地域にある同時代の建造物といった類例を参考に,詳細の仕様を決めることが多い。したがって,復原といっても,つきつめていくとどうしても推測が入った想像による産物となる。

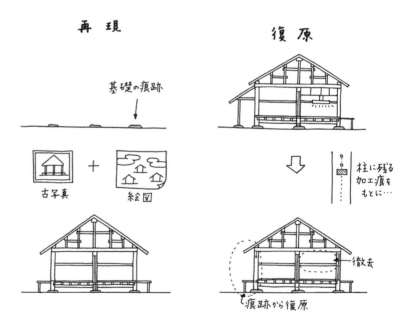

図 2.32　再現と復原のイメージ

なお，前章でも指摘した通り，後世の改造が見つかったとしても，欠陥や瑕疵を是正するために建造物が姿を変えていることがあるので注意したい。その場合には，復原によって，かつてと同じ欠陥や瑕疵を繰り返すことになる。よって，復原といっても，まったく昔通りの仕様とするのではなく，詳細部に欠点や瑕疵を補う改良を加えた形にする必要がある。

> **コラム　歴史的建造物の再現**
>
> 失われてしまった歴史的建造物を再現することは世界各国で行われている。そうして再現された建造物や街並に意義や歴史的価値を認めるかどうかは，専門家によって意見が分かれる。日本では，戦争や火災で失われた歴史的建造物については，文化財の指定，登録を解除，抹消し，法的には価値は失われたものとして扱っており，積極的には評価されていないのが実状だろう。最近の例を挙げると，東日本大震災の津波で失われた多くの文化財建造物の登録が抹消されていて，ほとんどは再現されていない。これに対して，ヨーロッパの各国では，戦争や火災で失われてしまった歴史的建造物や街並を昔と同じ形で再現しており（図2.33），国によっては文化財として扱っているので，その意義や価値を認めている場合が多いといえる。
>
>
>
> 図2.33　第二次世界大戦後に再現された家（ドイツ，フランクフルト市）
>
> ところが，日本では，平城宮の朱雀門や大極殿（図2.34）のように，形態や細部の正確な情報は不明にもかかわらず，学術的な研究をもとに推測して新築したものを「復元」と称している。そうした事例は，吉野ケ里遺跡や三内丸山遺跡の建造物をはじめ，各地の史跡公園で枚挙にいとまがないほど確認できる。本書では，これを「再現」と呼んでいるが，もとの姿が判明しないのだから，本来は「再現」と呼ぶことすらいささか抵抗を感じる。ヨーロッパでは，こうした形の再現はほとんど行われていない。日本の史跡での「再現」と比べれば，ヨーロッパのように，失われたものを再現することの方が，よほど意義や価値が認められる行為ではないかと思うのだが，いかがだろうか。
>
>
>
> 図2.34　平城京大極殿（奈良県奈良市）

時間の積層の重視

　修復の時に，歴史的建造物をある時点の姿に復原してしまうと，その時点以降に行われた模様替えや増改築などは，取り去られてしまうことになる。これに対して，歴史的建造物のある時点の姿のみに価値を認めるのではなく，その後に加えられた模様替えや増改築等も歴史のひとつとして重視し，それらも含めて，建造物に重ねられた歴史を保存することを「時間の積層の重視」と呼ぶ。

　この考え方は，復原において推測による判断が入ることへの批判から生じた。古くは19世紀のフランスでパリ市のノートルダム大聖堂が修復された際にその議論が行われている。この時は，設計を行ったヴィオレ・ル・デュク（1814-1879）が，復原と称して中央部に豪華な尖塔を新たにつくったこと等に，宗教界や学界から批判が出た（図2.35）。日本でも，明治時代に行われた新薬師寺本堂の修復時に議論があった。そこでは，鎌倉時代に増築された礼堂を撤去し，奈良時代の姿に本堂を復原したことに歴史学者から批判が出て，論争が起きている。

a）復原か積層か

　復原と時代の積層の重視のどちらがよいかは，ケースバイケースで判断される。先に記したように，人物や事件との関係に価値を見出すような場合には，ある時代の姿を重視するので復原が選択される。また，建築された年代が古いことに価値を見出すような場合にも，建てられた時代の姿を重視した復原が選択されやすい。一方，使い続けながら保存していく場合は，施設の機能を果たすために現代の手を加えるので，それを含めて時代の積層を重視した方が計画しやすい。時代の積層を重視すると，復原によって手を加える箇所が減り，その分だけ保存できる箇所も多くなり，工事費も削減できる利点もある。

　いずれにせよ，両者は二者択一ではない。時代の積層を重視する場合でも，部分や部位によっては復原を行って保存することがあってよい。

図 2.35　ノートルダム大聖堂
上：外観
中：尖塔部／十字形の平面の建物で，十字が交差する部分に尖塔がつくられている。
下：尖塔部分にあるヴィオレ・ル・デュクの肖像／尖塔の建設に批判を受けたデュクは，悩める姿の自らの肖像を尖塔に飾り，批判への答えとした。

b）復原と積層，それぞれの矛盾

　復原を重視する専門家のなかには，部分的に復原を行い，違う時代の姿を併存させることを，歴史上存在しなかった姿をつくる行為だと抵抗感を示す者も多い。ところが，たとえ復原を行ったとしても，建造物のどこかには現代の手を何らかの形が加えられているので，厳密にいえば歴史上なかった姿である。例えば，復原した建造物でも照明器具は現代のものが使われているし，室内の使い方の詳細まで復原できないので，室内の生活感等はどうしても失われてしまう。例えば，復原された古民家の襖がすべて真っ白になっていることをしばしば見かけるが，これは襖の紙質，色，絵柄といった詳細が明らかにできなかったからで，かつて白襖であったわけではない。

　こう考えると，むしろいたずらに時代の統一にこだわることの方に無理がある。修復においては，建造物全体で時代を統一する必要はない。たとえ歴史上存在しなかった形になるとしても，各時代の価値を評価し，違う時代の姿を混在させて，それぞれの時代を学べるような形にすることも選択肢のひとつであろう。

　一方，時代の積層を重視するあまり，歴史的建造物のすべての部分が重要で，どこにも手を加えるべきではないという極端な保存論を唱える有識者もいる。歴史的建造物を廃墟として継承するなら話は別だが，これは歴史的建造物に「現代」という時代の積層を加えることすら否定した理屈であり，論理矛盾である。多くの部分に価値を見出す場合でも，現代も歴史の一頁として積極的に評価し，適宜変更の手を加え，歴史的建造物を施設として長く使っていける道を選択していくことが，時代の積層を重視する修復の正しい姿勢だろう。

図 2.36　當麻寺曼荼羅堂（奈良県葛城市）
奈良時代の仏堂を，平安時代，鎌倉時代，室町時代に改造し，ほぼ現在の姿になった。1957〜1960年の解体修理時に，各時代の変遷が明らかになったが，室町時代の姿に復原し，それより前の時代の姿には復原しなかった。

図 2.37　鑁阿寺本堂（栃木県足利市）
主要部は，鎌倉時代の堂を南北朝時代に改造したもの。堂の正面に付加されている向拝は，江戸時代の改造によるもので，各時代の改造が加わった形の姿となっている。

図 2.38 新しい材であることを示す部材に押された刻印

付加部分のデザイン

　修復時に、現代の手を加えることを許容するとなると、その部分をどのようにつくっていくかが問題となる。特に増改築や模様替えを行うと、その部分が人の目に多く触れることになるので、デザインをどうするかが課題になる。

　一般的には、古い部分に馴染む形にする方法と、古い部分と明らかに区分できる形にする方法の二つがあるといわれている。馴染む形にすると、もとからあったかのような誤解を生じさせかねない。そのため、馴染ませる形にする場合でも、何らかの区分ができる形にすることが求められる。国指定の重要文化財の建造物を修復において、新しく取り替える部材に刻印で修復の年号を記すのは、そのためである（図2.38）。

　図2.39は、煉瓦造の壁体をバットレスによって耐震補強した事例（旧名古屋控訴院裁判所庁舎）で、ここでは煉瓦を使ってもとの建造物に馴染ませている。一方、山形県旧県会議事堂（61頁参照）では、鉄骨を使い、もとの建造物と明らかに区分できるようにしている。

　この両者の方法についても、どちらが正解ということはなく、ケースバイケースで判断すべきである。ちなみに、一般の人々には馴染む形の人気が高く、専門家には区分できる形の人気が高い。後者は、一般の人々には違和感が持たれやすい。そこで、区分できる部分に新たな機能をもたせるなど、計画上の工夫を加えることが望まれる。山形の事例でも、鉄骨で補強した箇所にガラスで空間をつくって、その内部をカフェ等に利用すれば、違和感は少なく感じられることだろう。

　実務においては、馴染む形、区分できる形も、必ずどちらかを選ぶわけではなく、場合によっては、両者を併存させることもあり得る（図2.40）。いずれにせよ、手を加える範囲が広くなればなるほど、付加する部分が目立ってくる。付加する部分が、もとの歴史的建造物よりも目立ち過ぎない形にしたいものである。

図2.39 旧名古屋控訴院裁判所庁舎（愛知県名古屋市）

図2.40 ドイツの修復事例：フランクフルト市の旧競技場　塔屋は復原（馴染ませる）、頂部はガラスの屋根を使った新旧の対比、脇壁の部分は壊れた形を残す（時代の積層の重視）といった具合に、ひとつのプロジェクトに様々な手法が使われていることがわかる。

Planning and Design　特別な手法、工夫

新たな価値の創造

　修復によって歴史的建造物が施設として再生できれば，不動産としての価値は向上する。このほか，修復する際の歴史的建造物への手の加え方によっては，歴史的建造物の見落としがちだったり，忘れ去られてしまったりした部分・部位の価値を可視化し，新たな歴史的価値を創造することも可能である。例えば，古民家の再生は，老朽化した民家を再生することによって，見向きもされなかった民家の歴史的価値に多くの人が気づく，新たな価値の創造の典型例といえる。広義にとらえれば，既存改修もその点はかわらない。一方，歴史的建造物の部分や部位を復原する行為も，価値を可視化する行為であり，新たな歴史的価値を創造する行為のひとつ（歴史的価値を取り戻す）といえる。

　東京大学工学部1号館（図2.41）は，修復時に増築を行い，背面の壁を室内側に取り込むことによって，それまで重視されていなかった背面の壁を内装上の重要な見どころに転化した事例である。アメリカ，ワシントンD.C.の中央郵便局（図2.42）は，修復時に主要導線を変えることで，修復前には物置状となっていた中央部とその屋根を支えていた鉄骨の骨組を，内装のポイントにしている。

　いずれの例も，古いままの施設利用では，背面の壁や中央部の価値に気がつく人はほとんどいなかったはずだ。このように計画・設計の方法によって，新たな歴史的価値を創造する行為は，歴史的建造物に新しい手を加え，いわゆる「現代という時間の積層」を重ねる行為でもある。専門家のなかには，修復の際に現代的な手を加えることに批判的な者も少なからず存在する。だが，修復の主な目的のひとつが価値の継承にあるという点を考えれば，大きく手を加える行為のなかにも評価すべきものは存在するのである。

図2.41　東京大学工学部1号館（東京都文京区）
図書館を背面に増築したことによって，それまで目立たなかった背面の壁面が室内での見せ場となっている。

実例 旧中央郵便局庁舎（アメリカ，ワシントンD.C.）（図2.42）

この建物はロの字形の平面で，中央部分には低い位置に鉄骨造の屋根が架けられていた。修復前の中央部は裏側として扱われており，主に倉庫やゴミ置き場になっていた。修復では，鉄骨の骨組を残して屋根を撤去し，代わりに上部にガラスの屋根を架けた。そして，正面入口からまず中央部に入り，中央部から各階にアプローチする形に変更した。結果，中央部分はフードコートになり，裏から表の空間に生まれ変わることで，鉄骨の骨組も歴史的価値のある部分として認識できるようになった。

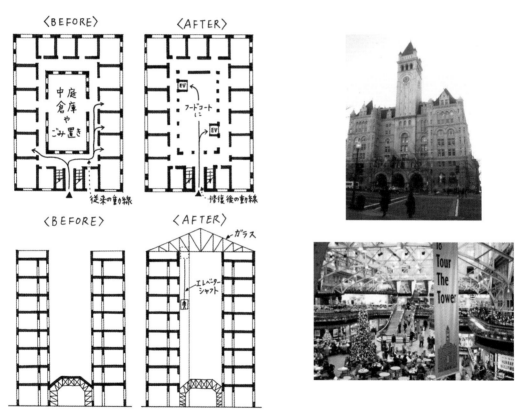

図2.42　旧中央郵便局庁舎の修復前と修復後（左），外観（右上），フードコート内観（右下）

実験活用による再生と市民参加

歴史的建造物の修復にあたっては，修復前の建造物を実験的に活用しながら，施設としての再生方法を検討すると効果的である．特に公共施設は，実験活用を市民の手で行い，将来の姿に対して出る市民の意見を修復時に活かすことで，より高い効果が得られる．

旧善通寺偕行社（香川県善通寺市，図 2.43）は，修復の工事着手前に，市民参加による様々な実験活用を行った例である．市民からのアンケート結果等をもとに，室内に空調や照明設備を新たに設置し，不足していた水回りやバリアフリーの機能を持った施設の増築を行っている．

実験活用は，新築の建造物ではできないことであり，それを通じて，施設として不足している設備や機能を明らかにできる利点がある．また，参加者は施設の修復前の状況を知ることができ，施設の修復後の姿に対して一定のイメージが持てる．新築の場合は模型や CG 等によって完成形を示すことになるが，施主（公共施設の場合には市民）にとっては工事前のイメージと竣工後の姿に乖離が生じることが多々ある．実験活用はその問題を解決できるのである．

公共施設の場合，実験活用で市民が老朽化した歴史的建造物の状態を知っておくと，修復後の状態が期待以上によい結果になったと感じやすく，施設としての評判が徐々に高くなる．これに対して，実験活用をせずに歴史的建造物を修復すると，一見したところ差が大きく見えてこないために，費用をかけた割に何も変わっていないと思われがちで，かえって批判が生まれることもある．したがって，公共施設や公共の補助等がある修復を行う場合には，実験活用は困難でも，歴史的建造物の修復工事の現場を公開するなどによって，修復前後の姿や修復で行う作業について，市民や関係者の十分な理解を得ることが重要である．

図 2.43　旧善通寺偕行社
上：竣工外観
中・下：修復前の市民による実験活用の様子

2.4　プロジェクトマネジメント

保存のコスト

a）新築より安い修復のコスト

　歴史的建造物といえども，不動産である。修復にあたっては，工事費用等の必要経費を抑えて，工事後に利便性や収益性を高めるなど効果を上げることが目指される。これは既存改修も保存も変わりはない。

　一般的な建造物の既存改修は，同規模で同質の建造物を新築する場合と比較して，工事費用の総額はおよそ6～7割程度になるといわれている（実際には，条件によって相当の幅がある）。一方，歴史的建造物の場合には，保存するために，特殊な仕様や伝統的な工法・技術を用いる箇所があったり，調査に時間を要したりするので，工事費が一般の既存改修より割高になりがちである。

　工事費用が高くなるといっても，同規模で同質のものを新築する場合と比較すれば，部材の調達費が少なくできる等，費用が少額ですむ要素は存在する。さらに，現存する建造物を取り壊して新築する場合と比べて，解体撤去，廃材処理の費用も節約できる。つまり，歴史的建造物の修復であっても，施設として新築と同程度の利便性や収益性を確保できるなら，ビジネスとしても回していけるプロジェクトになるはずである。

　また，保存のために割高となる工事費に対しては，文化財保護，景観等の行政による法制度を利用して，公的な資金援助を受けたり，税制優遇を受けたりする方法がある。加えて，建築基準法・消防法等による特例措置の適用を受けて，防災対策のための変更箇所を必要最小限度にすることも，工事費を抑制する上では効果的である。これらの法制度やそれに基づく措置については，終章で詳述する。

豆知識　意外にコスト高となる近代建築の保存

伝統的な工法・技術が，一般の工法・技術に対してコスト高になることは容易に想像がつく。なぜなら，使用する材料が希少品であったり，手仕事に頼る部分が多く，どうしても人件費が割高になったりするからである。一方，比較的新しい近代建築を保存する場合でも，予想外にコストがかさむことがある。なぜなら，近代建築に使われている部位や材料のなかには，工業化して生産した製品であるにもかかわらず，現在生産されなくなっているものが含まれているからである。それらをもう一度取得するには，製法を含めて再現する必要があり，相当な手間と時間がかかることになりかねない（近年は，そのような製品を，3Dプリンターを使って模倣してつくることがある）。こうした事情から，歴史的建造物の修復のために，古い部位や材料，製品等をあらかじめストックしておくと，相当な助けになることが知られている。

b）工事の範囲とコスト

　歴史的建造物の修復の工事費用を考える際，工事の範囲を決めることも重要である。特に，部分や部位をいったん解体して施工をするのか，部分や部位をそのままにして施工するのかは，工事費用だけでなく，工期をはじめとする様々な点に影響を及ぼす。専門家の間では，部分や部位の解体の範囲に応じて，修復工事の呼び方を解体修理・半解体修理・部分修理に分類している（図2.44）。

　解体修理は建造物全体を解体する。半解体修理は，建築物でいえば屋根や小屋組までを解体する程度，それ以外は部分修理になる。修復工事における解体の範囲は，破損の程度，周辺の立地環境，工費，工期等から総合的に判断される。例えば，基礎を補強したい時に解体を行うと，解体費用の負担は高くなるが，広い場所が確保できるので補強工事はやりやすくなり，工期を短縮できる。一方，解体を行わない場合には，解体費用は不要になるが作業空間が狭くなるので，補強工事に手間がかかり工期が長くなる。

　前項に述べた通り，保存のための工事は割高になる。だが，保存する箇所になるべく手を加えないことは，見方を変えれば，それだけ工事費も抑えられるし，保存箇所も増えることになる。修復の計画・設計を行う場合には，価値だけでなく，コストの観点からも，保存を検討したい。

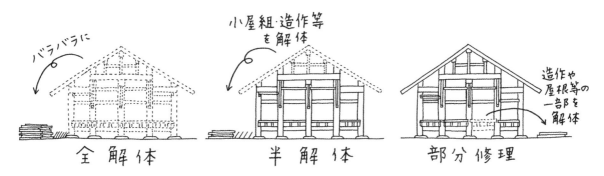

図2.44　解体修理，半解体修理，部分修理の比較

施設の運営

歴史的建造物の修復をプロジェクトベースで考えるなら，計画・設計を行う前に，修復の工事費に加えて工事後の維持管理費用を見込むべきである。そして，それらに施設運営の面からどのように対応していくのか（ライフサイクルコストの算定）を，十分に検討する必要がある。そのうえで適切な施設運営の方法を選択しなければ，長期にわたって歴史的建造物を保存していくことは困難であろう。

序章でも述べた通り，歴史的建造物といえども，施設として利用できなければその保存はおぼつかない。割高となる保存のコストを前提とした施設運営ができなければ，施設として使い続けることは成り立たないのである。

a）公共施設として利用（図 2.45）

歴史的建造物を公共施設として利用する場合，その費用は公共が税金で賄う。そのため公益上の理由があれば，ある程度のコスト高は容認されることになるかもしれない。とはいえ，近年は国も地方公共団体も資金難で，その扱いは厳格になってきている。公共施設であっても，ある程度は収益を上げる運営や，管理コストの低減が求められており，歴史的建造物もその例外ではない。

左：庭園美術館（東京都港区）
建造物の価値だけでなく，美術館，公園としての庭園，いずれの機能も公共施設にふさわしい。
右：時の鐘（埼玉県川越市）
市の景観形成の基準にも使われており，市のシンボルマークにも使われている。市のランドマークというべき存在で，公共が保存するに値する役割を備えている。

図 2.45　左：庭園美術館，右：時の鐘

b）民間施設として利用（図 2.46）

　歴史的建造物が民間（営利法人）の施設の場合，修復に関する工事費は，経営のためにつくるバランスシート上で計上される。大規模な工事の費用は益金に算入され，経年後には減価償却費として損金となる。他方，小規模な工事の費用は，維持管理費として損金に計上される。そのため，工事の規模に応じて，損得のバランスを変えた収益を見込む必要が発生する。

　施設自体が収益を上げる形の不動産（賃貸住宅・オフィス，ホテル・旅館，飲食店等）の場合には，歴史的建造物であるという価値が収益の向上につながれば，運営を成り立たせやすくなる。一方，収益を上げない形の不動産（住宅，自社オフィス等）であれば，宣伝・広告効果や，趣向性を満たすといった，収益とは別の利益がもたらされることが，保存活用の動機になる。

図 2.46　奥野ビル（東京都中央区）
ギャラリー，個人事務所等が各室に入った複合オフィスビル。民間による活発な利用が建造物の継承を支えている。

c）別の収益で運営（図 2.47）

　そのほかの方法としては，コスト高となる歴史的建造物の費用負担を，別の収益で補填する方法もある。例えば，土地建物の高度利用が求められる都心部で，歴史的建造物が使っていない容積を隣接する建築物に移して開発と保存を両立させるのは，その典型的な事例である。

　また，江戸時代の庄屋の家が立派なのは，農業をはじめ別の収益を家の建設や保全に充てていたからである。つまり，そのような特殊な家を残して維持管理していくためには，過去と同じような仕組みが必要になるというわけである。例えば，大きな敷地を持った歴史的建造物であれば，その敷地の一部に，定期借地権付住宅や賃貸住宅のようなものをつくり，得られる家賃収入等の収益を修復のための工事費や日常の維持管理費用にしていくような方法が考えられるだろう。

図 2.47　日本工業倶楽部会館（東京都千代田区）
隣接する高層ビルに容積を移した事例。高度利用の要求が高い都心部で，歴史的建造物が保存できた。

d）公益法人による利用（図2.48）

　施設の所管が公益法人であり，その公益上の目的に歴史的建造物の保存が位置づけられるなら，施設の収益性向上はそれほど強くは要求されない。また，施設の運営にかかる経費の扱いも，一般の営利法人とは異なり，税制上も有利になる場合がある。例えば，別に上げた収益を歴史的建造物の保存に充てられる等，歴史的建造物を保存・利用していくうえで，より有利な運営ができるはずである。なお，多くの文化財を所有している寺院，神社も宗教法人という公益性が認められた法人である。

図2.48　明治学院インブリー館（東京都港区）
学校法人が所有しているため，高度利用せず，その歴史を示す施設として保存ができている。

Chapter 3:
Construction

3章 施工

本章では，修復のために行う工事の具体的な方法や考え方を紹介する。

　最初に，歴史的建造物が建設された当時に使われていた昔ながらの仕様や工法・技術（本章では「伝統技術」と総称する）と，現代の建造物に一般的に使われている仕様や工法・技術（本章では「現代技術」と総称する）や，修復のために新しく開発された仕様や工法・技術（本章では「新技術」と総称する）の関係を概観する。

　次に，仮設，基礎，外構，躯体，屋根，造作，仕上げといった各部の工事別に，修復のための工事を行う際の要点と課題を述べる。さらに，伝統技術の評価すべき点と課題の両者を挙げる。そのうえで，歴史的建造物の修復のために特別に行われていたり，伝統技術の課題を解決したりするための対応策や工夫を，現代技術，新技術を使った方法を含め紹介する。

3.1 修復と伝統技術

伝統技術と新技術

　歴史的建造物の修復を行う場合，保存するという意味では，価値を形成している部分を，そのまま残すことが理想である。一方，価値を形成している部分であっても，経年劣化や損傷等によって，手を加えなければならない時がある。その場合には，手を加える範囲を可能な限り最小限にとどめ，かつ，該当する箇所には建造物が造られた時に使われていた伝統技術を用いることが望まれる。

　一方，伝統技術は，現代の目で見ると弱点や欠点があることも多い。茅葺の屋根が火災に弱いのは，その典型である。そこで，歴史的建造物の修復では，弱点や欠点を補うために現代技術を用いることに加え，それらを克服するために開発した新技術を採用することもよくある。新技術の開発は，ときにそれまでに保存が叶わなかった部分や部位の保存を可能にする。また，新技術によって，修復のための工事の期間を短縮し，費用を削減できる場合もある。修復は，伝統技術と現代技術，新技術のコラボレーションで成り立っているといっても過言ではない（図3.1）。

　例えば，木造の歴史的建造物に鉄を用いて補強することを，識者が批判していることをしばしばみかける。そうした補強も，上記のような理由であれば許容されるのである。

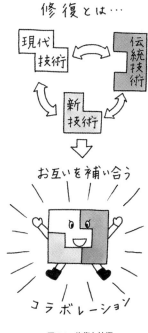

図3.1　修復と技術

性能の評価と現代技術，新技術の導入

　伝統技術には多様なものがあり，その性能は職人等の技能者の間では伝承されていても，科学的に証明されていないものが多い。同時に，初

図 3.2 柱の金輪継ぎ
© 三浦保男／有限会社三浦創建

図 3.3 炭素繊維補強

期の性能は判っていても，経年による性能の変化が不明なものも多くある。2章でも記した通り，伝統技術を様々な観点から評価し直し，現代における役割や性能を見つけて生かしていくことは，修復工事で伝統技術を用いる積極的な根拠となり得る。また，伝統技術の性能の評価が確定できれば，現代技術や新技術を用いる場合でも，それらに頼る度合いが明確化できる。

ただし，伝統技術を正しく評価したとしても，多くの場合それだけでは強度が不足するので，何らかの補強をする。このために現代技術，新技術を導入する。例えば，木材が部分的に腐朽した場合，伝統技術には，腐朽した部分だけを取り除いて新しい部材を継ぎ足す方法（接ぎ木）がある。具体的には，柱の脚元が腐朽した際に，金輪継ぎを用いた根継ぎをして取り替える方法がよく知られる（図3.2）。この時，接ぎ木をした部材の性能が，まるごと新しい部材に取り替えた場合と比較して，どの程度の強度をもつかを正確に把握しておかなければならない。当然のことながら，接ぎ木した部材は，新しい部材より強度は低下する。伝統的な接ぎ木だけでは強度が不足する場合には，金具や接着剤を使って補強することや炭素繊維のような新素材を使って補強することがあり得る（図3.3）。それぞれの補強方法で，手を加えた部材の強度はかわってくるので，その強度も把握しなければならない。高い強度を持つ新技術を使った補強方法を採用することで，伝統技術では難しかった部材の再利用が可能になることも多い。

伝統技術の評価

　伝統技術は，弱点や欠点を持つ一方で，歴史の中で確立した技術でもある。そのため，それを用いて修復した箇所については，修復後の耐用年数や経年後の破損状況といった将来の予測がある程度成り立つという利点がある。これに対して，現代技術，そして特に新技術は経年後の結果が出ていないため，将来の予測が立てにくい。実際に新技術を用いて修復を行った結果，経年後にまったく予測しなかった破損が発生した事例はこれまでにいくつもある。したがって，現代技術や新技術の導入にあたっては，様々な可能性の予測だけでなく，将来にわたって性状の変化をモニタリングできる体制をとる等，相当程度の注意を要する。

　伝統技術については，経年後の予測がある程度立つという技術上の信頼性だけでなく，現代技術と同等の観点および新たな観点からも見て，さらに評価を高めるべきである。現代技術と同等の観点からの評価には，耐震，防火，環境等の面からの評価がある。例えば，伝統技術を使った木造建造物に使われている貫構法が，地震力のような水平方向の力に対して，現代のプレファブ構法の木造建造物よりも粘り強いこと，土壁や漆喰壁が防耐火性能を持つこと，長く出た庇に遮熱効果があること等は，その代表的事例である。

　新たな観点からの評価には，将来の社会的な需要予測に基づく評価がある。今後，建設需要は新築より既存改修が増加することが予測されている。伝統技術を使った木造建造物は，柱梁構造なので部分や部位の解体が簡単で，新築と修復を同じ職人が同じ技術体系で工事できるという，改良保全のしやすさが評価できる。また近年では，地球環境の保全のため，CO_2の削減や省エネルギーの励行等が求められており，建設現場では，木材利用や断熱性の高い建築の普及が推奨されている。加えて，有限の資材を有効利用していくことも重視されており，「長く使い続けられる」ということだけでも歴史的建造物は評価できる。しかも，伝統技術を使った木造建造物は，木材を利用するだけでなく，茅や檜皮の屋

豆知識 過信は禁物——伝統技術の信頼性
伝統技術は新技術より経年後の信頼性が高いとされているが，伝統技術で「昔通り」の施工ができるかについては危ないところがある。なぜなら伝統技術で使う材料は，社会の環境変化等にともない，昔と同質のものは確保できなくなっている。例えば，人工林で育成された現代の木材が，天然林から得られた昔の木材と比較して質的に低下していることは，よく知られている。つまり，同じ木種の木材を使ったとしても，伝統技術が「昔通り」の性能が発揮できるかといえば，それは疑わしい。したがって，伝統技術で修復する場合でも，過信はせずに，その性能を見極め，あらゆる予測をしたうえで，将来の維持管理計画を立てていく必要がある。

図3.4 屋根に葺く茅の原料になるヨシ
(宮城県石巻市北上町)

ヨシは毎年刈ると、成長の際に水質を浄化するので、水際が多いオランダ等では、環境に貢献する植物として、その利用が盛んである。

根、畳、土壁といった箇所に、天然由来の素材が多く使われる。これらエネルギー消費が少なく再生産・再利用が可能な材料も、高く評価できる(図3.4)。こうした伝統技術の環境面での評価は、ヨーロッパでは広く定着しているが日本ではまだである。

伝統技術の性能を高く評価できれば、同技術を積極的に使いやすくなり、改修時に新たに性能を補足する必要性も低くなる。見方を変えれば、それは新たに手を加える範囲が小さくなり、その分保存できる箇所が増えることを意味する。これにより工事の期間が短縮でき、費用も減らせるというメリットも生まれる。つまり、伝統技術の性能を評価すればするほど、保存のための修復の理想的な姿に近づくのである。

 実例 **補強による他所の破壊①**(図3.5)

1956〜1964年に行われた姫路城天守の修復では、地盤の沈下がみられたため、基礎部分にRC造の基礎が挿入された。それから約50年が経った2009〜2015年の修復の際に調べると、前回修復した建物の基礎は沈下していなかったが、木材の経年による強度低下や収縮によって建物の躯体が全体的に下がっていた。この結果、RC造の基礎の上にあって沈下しなかった通し柱が、建物全体を突き上げる形となってしまい、破損を大きくしていた。

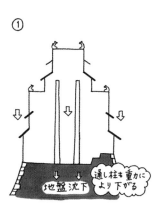
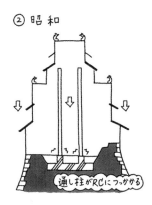
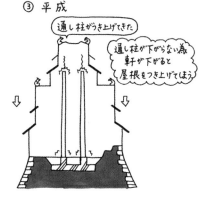

図3.5 姫路城における破損と修復の経緯

実例 補強による他所の破壊②（図 3.6）

タイル張りの建物では，経年により劣化が進むと目地が割れタイルの浮きが目立ってくる。その対策として目地を強化すると，タイルより目地が強くなってしまい，経年による収縮の繰り返しでタイルが割れることがある。なかでも，目地の強化にエポキシ樹脂系接着剤を注入したものは，その傾向が顕著だ。近年ではこうした２次的被害を防ぐため，予めタイルや目地の強度を調査して，その強度に近い接着剤を用いる等，修復時に目地をあまり強化しない方法がとられている。なお，エポキシ樹脂系接着剤も，現在は強度を調整できるので利用は問題ない。

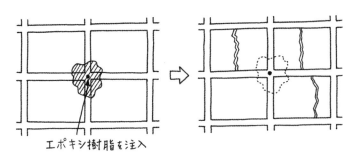

図 3.6　タイルと目地のクラック

生産体制の確保

　伝統技術を使うには，伝統技術の担い手である職人と呼ばれる技能者（以下，技能者と略す）も確保する必要がある。伝統技術に関わる技能者は，大工，左官，瓦師，葺師，畳職，経師，表具師等に代表される。

　そして，伝統技術に用いる素材や道具も確保しなければならない。木材，漆喰，瓦土，茅，檜皮，イグサ，漆等は，その代表的な素材である。これらの確保には，素材を採取し，道具をつくる担い手がそれぞれ必要

となる。木材の伐採，採取には林業と製材業が，檜皮の採取には原皮師と呼ばれる技能者がいなければならない。大工道具をそろえるには，鋸，カンナ，鑿等の道具のつくり手も要る。

ここでは，伝統技術，伝統技術の素材，素材の採取，道具づくりを担う技能者を総称して「生産体制」と呼ぶ。つまり，伝統技術を使える技術とするには，同時に生産体制の確保も重要な課題となる。ところが，現在の生産体制をとりまく状況は大変に厳しい。近年，新築工事の需要が減少しているなかで，伝統技術を使った新築工事も激減している。それが伝統技術の需要の減少となり，生産体制の縮小につながり，歴史的建造物の修復の需要に対する生産体制供給の不足にもつながる。そして，この需要の過多が，生産体制の価格上昇を生み，修復のための工事額の上昇を招く。最終的に，工事額が一般の人には手の届かない価格まで上がり，それが工事に伝統技術を使うことの忌避を生んでしまう。これが，生産体制を使った工事の需要のさらなる減少につながっているのである（図3.7）。

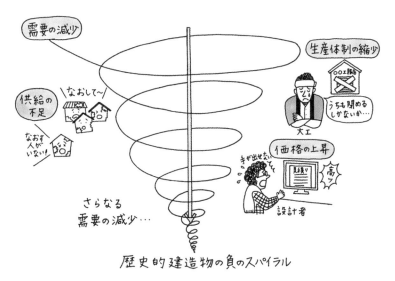

図3.7　生産体制をとりまく状況

こうした悪循環を断ち切るには，伝統技術の需要を増やさなければならない。例えば，福島県下郷町大内宿や京都府南丹波市美山町北(図3.8)には茅葺屋根の集落が残されているが，そこでは材料の茅の育成や供給の場所があり，茅葺職人がその仕事で生計を立てられる生産体制が確保されている。これは，集落内に多数の茅葺の建造物が残っていて，茅葺に一定の需要が見込まれているからである。

　伝統技術を様々な観点から評価し，現代技術に対する優位性を明らかにすれば，修復だけでなく新築にもその技術を使うようになり，伝統技術の新たな需要が生まれる。そして，新たな需要は生産体制の安定供給を生み，それが生産体制間の適正な競争を生むことによって，工事費用は適正化していく。例えば，オランダ，イギリス，南アフリカ等の各国では，茅葺屋根が現代技術の屋根と同等の額で取得できる。これは，茅という素材の環境負荷の少なさ，茅(この場合は主にヨシ)による水質浄化作用，茅屋根の外観が国や地域の象徴となるといった新たな観点から評価されているからで，新築の建造物にも茅葺が多数使用されている(図3.9)。

　以上のように，生産体制の確保という観点に立ち，伝統技術を現代でも使える技術として需要を生んでいくことは，歴史的建造物の修復における最も重要な課題のひとつといえるだろう。地域で生産体制の需要を生むことは，歴史的建造物の修復の工事費を廉価にして，一般の人の手に届きやすいものにする。それだけでなく，美山町や大内宿のように，地域性のある景観を維持継承することにも役立つものとしても注目すべきである。

図3.8　美山町北の風景

図3.9　海外の新築茅葺建物

上：消防署（オランダ）
中：住宅（オランダ）
下：宿泊施設（南アフリカ）

3.2 各部工事

事前準備,仮設工事

■要点と課題

　歴史的建造物の修復に限らず既存改修では,施工の方法や工事の工程を,建造物の周囲の環境や建造物の管理運営等を十分吟味したうえで組み立てる。工事の段取りや手順は,工事期間と工事費に大きな影響を及ぼす。特に,建造物を使いながら工事するのか,一時的に使うのをやめて工事するのかの判断は重要である。また,工事中の発見や調査による工程への影響を考えて,十分ゆとりをもった工程を組むことが理想であることは,既に記した通りである。

　既存改修では,建造物が建っている状態で工事を行うため,仮設の足場のかけ方も,工事期間・工事費に大きく関係する。また,足場をはじめ,工事用資材の搬入方法や,工事車両の進入路・駐車場,管理事務所の場所等の確保にも工夫がいる。特に歴史的建造物の修復は,解体した部材を廃棄せずに再利用することが多く,その保管と修繕を行う場所も確保しなければならない。限られた中で用地を確保するのに,建造物が健全でもあえて一度解体して工事の利便性を高めるケースもあることは,既に記した通りである。

■伝統技術の評価と課題

a) 丸太足場

　仮設工事に関わる伝統技術としては,木製の丸太足場(図3.10)がある。現在は,火災への危険性や労働安全上の理由等からこれを使うことは少なくなってきているが,組み換えや組み立てに自在性があり,高さの調節が細かくできる等の利点がある。例えば,寺社建築の極彩色の修理のように細かい作業工程がある修復の現場では便利である。

図3.10　丸太足場の素屋根

■対応策と工夫

a) 素屋根

　国宝・重要文化財に指定されている建造物では，大規模に修復工事を行う際に仮設足場に屋根をかけ，歴史的建造物の全体を覆うことが多い。こうした仮設足場は「素屋根」（図3.11）と呼ばれる。素屋根の建設には相当程度の費用がかかるが，これをつくると歴史的建造物を風雨にさらさずに工事ができるだけでなく，天候に左右されず工事を進められるので，保存上と工程管理上の両方の利点がある。加えて，少し大きめに素屋根をつくると，内部を解体した部材の格納・修繕場所として使用できる。

図3.11　素屋根

基礎工事，外構工事

■要点と課題

　基礎は，建造物の強度，室内環境等に関係する重要な部分である。伝統技術による基礎は，現代技術による基礎と比較すると，未成熟で弱点となりやすい。また，石垣（註）や版築をはじめ，その性能が科学的に明らかになっていないものも多い。

　歴史的建造物は，比較的に良好な地盤上に建っていることが多いが，建設年代が新しいほど，軟弱な土地や盛り土等，問題のある地盤上に建つ確率が高くなる傾向がある。地盤の強度や耐力は，N値，サウンディング，ボーリング等の一般的な調査方法によって判断するが，周辺の調査データがある場合にはそれを参考にする。良好な地盤の上に建っていても，経年によって地盤沈下が進行していることがある。この場合，沈下が進行中か，既に止まって安定しているかで対応策が分かれる。前者は，軸組の補強や地盤の強化をはじめ，何らかの対策を施した方が良い。

【註】石垣の強度については，『歴史的土木構造物の保全』（巻末参考文献参照）に判断方法が示されており参考になる。

水の問題による基礎や躯体の劣化，建造物の脚元回りの汚損については，1章で述べた通りである。特に煉瓦積み基礎では，煉瓦自体が地盤から水を吸い上げて，強度の低下をまねいている場合もある（1章36頁，図1.33参照）。そのほかに都市部等の問題として，繰り返される舗装によって路面位置が建造物より高くなることが原因で，建造物内に雨水が浸入しやすくなり，基礎や躯体の劣化が進むことがある（図3.12）。

右イラストの事例

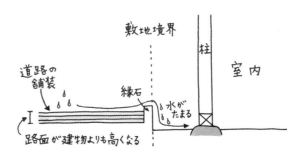

図3.12 道路面と建造物の地盤との関係

■伝統技術の評価と課題
a）石場建て基礎

伝統的な木造建築の石場建て基礎は，柱脚と礎石を緊結していないため，地震時に建造物が動く。建造物によっては，この動きが免震効果をもたらすことが指摘されている。免震効果が大きいのは，平屋建ての寺社建築，民家建築のように重心が低く，かつ，柱の脚元同士がつながれている建造物である。脚元がつながれていないと，建造物が移動した時に，柱がばらばらに動いて被害が生じる。また，建築面積が小さい2階建ての建造物は重心が高くなるため，地震時にロッキングを起こしてしまい（突き上げられて回転するような形になる），免震効果はあまり期待できない（図3.13）。また，近代建築や土蔵の一部に見られるような基礎を高く立ち上げているものについては，基礎と軸部を緊結しておかないと，軸部が地震時に基礎から落下するおそれがあり危険である。

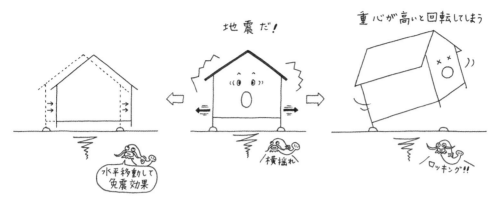

図 3.13 石場建て基礎と地震

b) 軟弱地盤と松杭

軟弱地盤への対策の伝統技術として，ろうそく地業（図 3.14）といわれる伝統工法，基礎の下に木を筏状に組む方法，松杭を打つ方法等がある（筏状の木組や松杭は，ろうそく地業にも用いられる）。松杭は，地盤の状態が湿潤な状態で保たれていて，特別な沈下等が発生していなければ，当初の強度を保っているとみてよい（図 3.15）。これは，水中で養生保管している木材が腐朽せず健全であるのと同じである。経年後の松杭の強度については，旧丸の内ビル（東京都千代田区）等，解体された歴史的建造物の現場から取り出された松杭によって明らかとなっている。

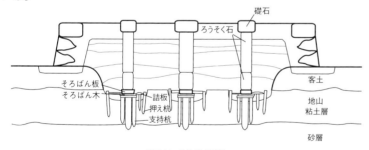

図 3.14 ろうそく地業
昇覚寺鐘楼（東京都大田区）／修理工事報告書より

松杭の事例：片倉館

片倉館は1928年の建築である。製糸業で栄えた片倉財閥がつくった福利厚生施設で設計は森山松之助による。写真の浴場棟はRC造。諏訪湖の湖畔に建っているため，その地盤はたいへんに軟弱である。

図3.15　片倉館の松杭
上：松杭のイメージ
左上：現在の片倉館（長野県諏訪市）
左下：軟弱地盤に打たれた工事中の松杭の様子（片倉館所蔵）

■対応策と工夫

a) 地盤の強化・改善策

　軟弱な地盤に建つ場合を含め，地盤の強度に問題があるなら強化しなければならない。特に液状化の危険性がある土地は気をつけたい。地盤の強化方法としては，杭打ち，緩衝材の挿入，薬剤注入等，様々ある。建造物が建ったまま強化できる工法もあるが，これが困難な場合には，建造物を解体するか，揚家・曳家（121頁参照）をして施工する。

　周辺からの雨水の浸入を防ぐためには，外構工事で周辺の土砂等をすき取って周辺の地盤を建造物の地盤より下げる，もしくは，建造物の周囲に排水路を新たに確保することが有効である。どうしても周辺の地盤を下げることができなければ，柱等の建造物の脚元を切断し，コンクリート等で基礎上げをして，雨水の浸入を防ぐ。この場合は，外観等への影響が最小限にとどまるようにしたい。

　なお，雨水等で基礎や柱の脚元が劣化している場合に，外部からの水の浸入を防ぐことをもくろんで，外部からコンクリートやモルタルで木部を覆いかぶせてしまっている改修をしばしば見かける。こうすると，木部から水分が抜けなくなり，劣化をさらに促進させてしまう。この改修方法は絶対やってはならない禁じ手である（図3.16）。

　湿潤な地盤の対策としては，土間コンクリートの打設やRC造耐圧版の設置が有効である。住宅のように小規模でコンクリートの打設が難しい場合には，床下に炭を置くだけでも湿気が吸収されて室内環境が改善される。なお，基礎部分の工事にあたっては，基礎と床下の通気を十分に確保するよう心がけたい。特にコンクリートで基礎上げをすると，空気の流入が妨げられやすいので注意する。

　基礎から来る水を木部が吸い上げてしまうのは，基礎と木部（柱や土台等）の間に通気層をつくると防げる。ほかの方法として，基礎と木部の間に防水紙を入れるのも効果的である。なお，基礎と木部の間に鉛の薄板を入れている例をよく見るが，これは防水のためではなく両者の馴染みをよくするためである。ただし，鉛は金属で表面に結露が生じやす

豆知識 地盤・基礎の補強とコスト

　建造物を解体すると地盤・基礎の補強は容易にできるが，解体は費用・工期ともにかかる。揚家・曳家を行うと，通常は解体よりも費用は安く・工期は短い。ただし，曳家は敷地のゆとりが必要で，揚家は建造物の脚元回りに確保できる空間で地盤・基礎の補強工事を行うので，工事に手間がかかる。このように地盤・基礎の補強工事は，様々な条件を総合的に判断して方法を決定する。なお，揚家・曳家の方法によっては，建造物を使いながらの補強も可能で，工事中の賃借料等が削減できる。

図3.16　木の上からコンクリートを被せた改修

い。そのため，基礎と鉛の間にも防水紙を入れる方が無難である。

なお，雨の跳ね返りによる汚損対策としては，雨が落ちる場所に砂利を敷く，脚元に防御となる矢来を置く（図 3.17）等の方法が考えられる。

b）耐震対策

柱の脚元を含む基礎まわりは，耐震対策が必要なことが多い。具体的には，建造物の脚元を固めて，個々の柱が自由に動かないようにすることが望まれる。また，建築面積に比較して高さのある建造物（ロッキングを起こしやすい）や立ち上げ基礎を用いた建造物では，基礎と躯体を緊結し，かつ，基礎・脚元ともに相当程度の補強を行わなければならない。これは，ロッキングによって発生する引き抜き力や，躯体が回転しようとする力に耐えられるようにするためである。

脚元や基礎の部材の強化が難しい場合には，木部に添え木をして金具で緊結したり，煉瓦積みではコンクリートを増し打ちしたりする等，部材で新たに強化してから補強する。なお，補強に使用する金具やコンクリートは，表面に結露が生じて接触する木部に劣化を生じさせやすいので，通気を良くする，緩衝部分を防水する等の対策をする。

c）免震層の設置（図 3.18）

大規模な耐震補強として，基礎部分に免震層を設置する方法もある。ただし，免震層を入れると，地震時に建造物が水平方向に動くことになるので，外構や設備等，周囲の物と建造物との間に一定の離隔距離を確保する。なおこの対処を英語でレトロフィット（retrofit）と呼ぶが，これは，米国で歴史的建造物の保存のために免震層を挿入する方法が開発されたことが語源となっている。

免震層を採用すると，建造物の躯体への耐震補強が軽減できる一方で，地下工事が必須となる。すると，免震層をはさんで基礎が二重になるため工期が長くなり，工費も高くなるというデメリットが生じる。なお，免震層を入れても建造物には一定の強度がなければならない。建造物への補強が不要になるわけではないので要注意である。また，免震が有効

図 3.17 矢来

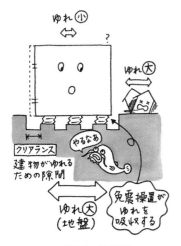

図 3.18 免震基礎

にはたらくためには、上部の建造物に一定の重量が要る。そのため、一般的な伝統木造工法の歴史的建造物では、建物自体を重くする工夫がいる。

> **コラム　高強度繊維を使った基礎と建造物の緊結**（図 3.19）
>
> 伝統的な木造建築では、基礎と建造物を緊結してしまうと、伝統的な石場建てによる免震効果が失われてしまう。これに抵抗感がある専門家も少なくないようである。一方、地震時に建造物が移動すると、場合によっては建造物が基礎や敷地の外に出てしまうようなおそれもある（図3.20）。こうした場合には、基礎を大きくつくっておくことに加え、基礎と躯体の緊結に引っ張り力に耐える高強度繊維のロープ（註：基礎や部材には接着剤で止める）の使用をお勧めする。ロープにゆとりをもたせておけば、基礎の移動も可能で、建造物の移動を一定の範囲にとどめながら、ある程度の引き抜き力に耐えることが期待できる。

図 3.20　地震で大きく移動した門
地震時に大きく移動する免震効果によって倒壊を免れた形。一方、礎石から落下したため、破損が発生している。倒壊を免れたのは、脚元を貫でつないでいた効果が大きく、貫がなければ柱が動いて倒壊していたと考えられる。

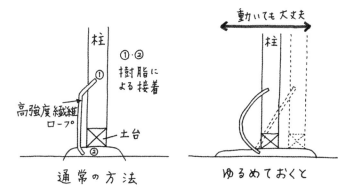

図 3.19　高強度繊維を使った基礎の補強
参考 URL：https://www.fukuvi.co.jp>data>uploads>KC306_arsk_s_021.pdf

図 3.21　木骨石造

図 3.22　組積造の経年変化

躯体工事（軒・小屋組を含む）

■要点と課題

　躯体は，建造物の安全に深く関わる部分であり，その強度が建造物の寿命を左右する。

　歴史的建造物のほとんどは，伝統的な木造の柱梁構造である。近代になると，木造の壁構造のものや，壁に煉瓦や石を用いた組積造のものが登場する。変わったものでは，木造の柱梁を組み，壁体部分に煉瓦や石を使った構造もある（木骨煉瓦造，木骨石造と呼ばれる）（図 3.21）。

　歴史的建造物の躯体は，経年によって，部材の強度が低下したり，接合部が緩んだりするので，どうしても傾斜や沈下が生じてくる。なかでも柱梁構造かつ開放性が高い日本の伝統木造建築では，木材の収縮や接合部の継手仕口が緩むこと等で，傾斜や沈下がより大きく生じやすい。また，水の影響を受けやすい木造部分は，経年によって部材の腐朽や虫害が進行し，それが強度の低下につながる。組積造の建造物では，年数が経つと，傾斜や沈下に加えて，壁の頂部や 2 階以上の床面部分が荷重によって押し出され，外側に向けてはらみ出しやすい（図 3.22）。

　こうした傾斜，沈下，腐朽等の経年変化に対応する修復工事では，建造物をどの程度解体し，部材をどの程度取り替え，補強するのかが課題になる。そもそも躯体は，屋根荷重や積雪等の積載荷重といった鉛直方向の荷重，地震や台風による水平力といった水平方向の荷重に耐える必要がある。ところが，経年によって傾斜，沈下，腐朽等が生じているものは，躯体の強度も低下しているので，より被害が生じやすくなる。

　歴史的建造物の場合には，今日要求される躯体の強度を当初から持たないものも多く，初期には十分な耐力があったとしても，経年によって耐力が低下していることもよくある。そのため，修復時にはほぼすべての歴史的建造物において何らかの補強が必要となる。よって，どのような方法で補強し，どの部分・部位を取り替えれば価値に及ぼす影響が少なくなるかの判断が求められる。

■伝統技術の評価と課題
a）木造伝統工法

　歴史的建造物の多数を占める木造の伝統工法の建造物は，柱梁構造で貫（図 3.23）を使用している。これらによって，地震や台風の際には傾きやすいが，大きく傾いても粘り強く倒壊しにくい特性がある（図 3.24 ①）。その一方で，軸組は傾きやすいので初期剛性が低く，傾く際に，壁や小壁，建具類をはじめとする造作材（「非構造部材」と呼ばれる）が壊れやすい（図 3.24 ②③）。また，径の細い柱を通し柱に使った 2 階建ての建造物等は，2 階の床梁や 1 階の内法で通し柱が折損しやすく，それによって倒壊のような大きな被害が発生しやすいという欠点がある（図 3.24 ④⑤）。

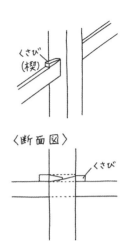

図 3.23　貫

図 3.24　地震で被害を受けた木造伝統工法の建造物
上：左から①②③
①地震で大きく傾斜した軸組
②地震で壊れた襖
③地震で壊れた欄間
下左：④内法で折れた柱
下右：⑤柱が折れた建築物
ⓒ 東日本大震災被災歴史的建造物復旧支援委員会（①，③），
ⓒ 東京大学藤田研究室（⑤）

b）組積造

　組積造の建造物は，平面が方形の場合，水平荷重に対して隅部の壁に応力が集中してクラックが生じやすい。また，壁厚に対して最も高さがある妻壁の頂部，大空間の場合には長辺の壁の中央頂部が，面外に崩落することが多い。また煙突や塔屋も，壁厚に対して高さが高いので被害にあいやすく，洋風建築では特に屋根面で煙突が折れやすい（図3.25）。なお構造部材ではないが，パラペットがある場合には，その部分も落下の危険度が高い。

地震による組積造の被害の例
上：せん断力による壁面のクラック
中：妻壁の崩落
下：長辺壁の中央のクラック
© 東日本大震災被災歴史的建造物復旧支援委員会

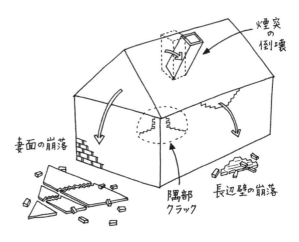

図3.25　組積造に被害が発生しやすい箇所

c）軒・小屋組

　1章で述べた通り，木造の伝統工法の建造物は軒の出が大きく，経年によって一部の軒が下がっていることが多い。そのため，地震や台風の際に，その方向に傾くことで回転してしまい，壊れやすい傾向がある（図3.26）うえ，台風時に風のあおりを受けやすい（図3.27）。

　また，組積造をはじめとする近代建築に使われている木造トラスの小屋組では，桁行方向のつなぎ材が少なく，水平方向の荷重に対する屋根面の一体性が不足している場合が多い（図3.28）。

■対応策と工夫

a) 木造伝統工法

①壁体・接合部の強化

　躯体の軸組の強度を高める場合，一般的な木造建築では，壁を増やし，壁面は筋かいや構造用合板等を使って強化して，接合部や基礎回りを金物で固める。これは躯体の剛性を高めて耐力を強化する方法である。

　伝統工法の木造建造物は，上記の補強を施すと，躯体の開放性が失われて価値が減少する可能性が高い。また，補強に使う構造用合板は吸放湿性能が低く，湿度による劣化が進みやすい。そして，筋交いや金具に

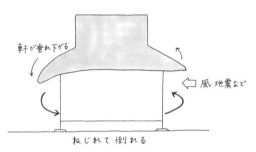

図3.26　軒の垂下による倒壊

図3.27　台風による被害実例
ジェーン台風（1950年）で上層が外れた紀三井寺多宝塔（和歌山県和歌山市）。修理工事報告書より

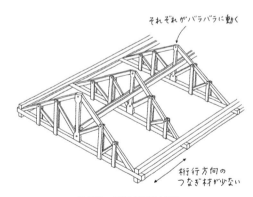

図3.28　木造トラスの小屋組

| 豆知識 | 鼻栓・込栓に堅木を使うのは間違い?!

指し付けの仕口では、鼻栓や込栓にケヤキ、カシといった固い木材を使うとよいといわれている。これは、経年で木がやせて、接合部がゆるむことへの対策である。ところが、栓に固い材を使ってしまうと、地震や台風による水平力がかかった際に、栓が頑張って母材の方を壊しかねない。母材が壊れると、修復の手間がかかることを考えると、栓には、母材より弱い十分に乾燥させた木材を使用した方がよい。

地震時の引き抜く力で鼻栓が壊れ、軸組部材が破損しなかった例。

よる強化は、地震や台風で大きな力がかかる際に、それらが頑張って躯体の部材を壊してしまい、復旧に大きな手間がかかることがある。

そのため、貫と楔や指し付けと込栓・鼻栓（図3.29）のように、木材どうしがめり込むことで粘り強さを発揮するような補強が理想である。また、金具を使う場合は、部材の欠損が最小限ですむようにしたい。

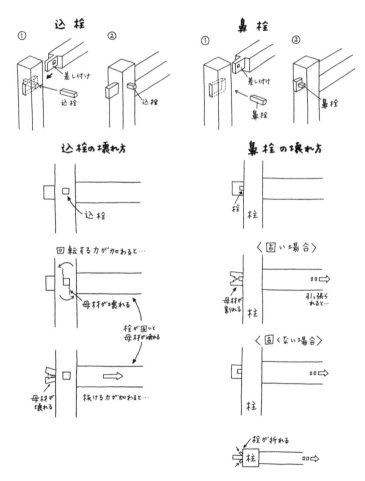

図 3.29　指し付け（込栓，鼻栓）

特性を生かした補強としては，接合部の仕口に制振ダンパーを入れる方法がある（図 3.30，特許詳細については巻末参照）。そのほか，柱の折損を防ぐために，太い径の柱に取り替える方法や，添え柱をして径を太くする方法もある（図 3.31）。

図 3.30　制振ダンパーの使用例／小田切家住宅（長野県須坂市）　© 信濃伝統建築研究所

図 3.31　添え柱による補強，隅柱部分に添え柱をした例 © 古川保／すまい塾古川設計室

　別の工夫としては，壁の代わりに木造の面格子を入れる補強がある（図 3.32）。面格子は木を格子状に組むため，伝統的な軸組と同様に初期剛性が出にくいが，面格子の一部の格子内にガラスや板材等を挿入すると，その剛性を高めることができる。最も簡便な方法は，建具を嵌め殺して固定し，壁体の代わりとすることである（図 3.33）。

図 3.32　面格子による補強　　　　図 3.33　建具嵌め殺しによる補強

建具嵌め殺しによる補強
嵌め殺した建具を正規の耐震要素として計算に見込む場合には，上下の構造材に緊結する必要がある。（正徳寺本堂／愛知県名古屋市）
左写真・上図ともに © 伊藤平左ェ門事務所

②床面・天井面の強化

　壁体に頼らない補強としては，床面や天井面といった水平面を鉄筋ブレースや厚板，構造用合板等で固めて，水平面の剛性を高めることで，柱等の鉛直方向の材にかかる力を軽減する方法がある。この場合，柱や壁等の鉛直方向の材の配置もポイントになる。そのバランスが悪く偏心していると，片側の鉛直材に力が集中して壊れやすくなってしまう。よって，水平面の剛性を高めるには，柱や壁等の鉛直材にも手を加え偏心を少なくした，配置バランスの取れた形にすると効果的である。

　次に，剛性を高めた水平面が効果を発揮するには，面の動きを確実に鉛直材に伝える必要がある。通常の床面や天井面のように水平面が柱に接していれば問題ないが，梁をブレースでつないで面剛性を高める（図3.34）のであれば，梁と鉛直材の接続を確認しなければならない。

図3.34　梁をつないだ水平面のブレース
旧内田家住宅（東京都練馬区）／© マヌ都市建築研究所

コラム　古民家の曲がり梁の修復（図3.35）

古民家に使われている曲がった梁のような部材は，同じような曲がり具合の部材を見つけることが困難なため，腐朽や虫害が発生しても，取り替えがきかない。そこで，重要文化財建造物の修復では，部材をいったん解体して，傷んだ芯の部分をくりぬき，代わりに，集成材や鉄骨，ステンレス骨材等を挿入し，残った部材の表を接着剤等で留めて上からかぶせる方法をとる。これにより，強度を確保しながら，曲がった梁の形状と木部表面に材料と意匠を残すことができる。ただし，この方法は手間とコストがかかる。そこで，一般的には添え木で梁を補強する方法が採用される。

添え木で補強した梁

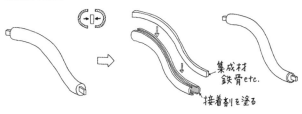
図3.35　曲がった梁の修復：古材を再利用する場合

左から①②③
①梁を二つに割る，②間に入る心材を作成，③梁と心材の間に樹脂接着剤を充填，梁を貼り合わせて出来上がり。

③傾斜と沈下の修正（揚家，歪み直し，曳家）（図3.36）

　躯体の傾斜や沈下は，そのまま存置して修復するか，修正して修復するかを判断しなければならない。通常，傾斜や沈下の割合が大きかったり，それが進行している時は修正する。修正には，躯体を揚家する，解体するという二つの方法がある。揚家・解体は，破損の度合い，部材の腐朽，工費や工期（111頁【豆知識】参照）等から総合的に判断する。

　揚家は，建造物の脚元に別材を添えて固め，その部分をジャッキで持ち上げる。次に，各部の持ち上げ寸法を調整して沈下を修正し，あわせて水平方向にも加力して傾斜を修正する（歪み直し，いがみつき等と呼ばれる）。その後，楔や栓を打ち直す等して，緩んだ接合部を再強化する。

　屋根を葺き替える場合は，屋根材を下ろしたあとに揚家を行うと，その分上部荷重が軽減されて工事がしやすい。また，揚家した後，ジャッキで押せば，建造物を移動できる。これを曳家と呼ぶ。押し方を工夫すると，建造物の向きを変えることもできる。

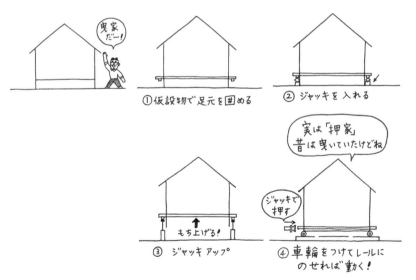

図3.36　揚家と曳家の手順

旧黒羽医院（群馬県伊勢崎市）の曳家による移築の様子
①建物を移動させるためのレール
②レール上を建物が移動している様子
③ジャッキアップして車輪を取り付けている様子
④建物を回転させている様子

④躯体補強にともなう非構造部材への対応

　木造の伝統工法の特性を生かす補強は，躯体に傾斜が発生しやすい。すると，先述の通り，傾斜にともなって非構造部材に被害が生じる可能性が高くなる。大面積のガラス建具を用いる場合には，建具が外れてガラスが割れると大被害につながるので要注意である。したがって，伝統工法の建造物では躯体の補強だけでなく，場合によっては，建具の取り付け部を工夫してガラス建具を外れにくくする，建具のガラス面に飛散防止フィルムを張る等の対応策をとるべきである。

b）組積造

　組積造では，はらみ出した壁体部をタイバーで止める補強が一般的である（図3.37）。また，鉄骨補強やRCの打設等によって床面や天井面の剛性を高めると軸部の補強を軽減できる。ただしこれらを施すとしても，ほとんどの組積造は地震等への対策として壁体の強化が必要になる。

　本格的な補強では，壁体にバットレスを付ける（図3.38），もしくは壁体に鉄筋コンクリートや鉄骨を付加して強化する。後者は，鉄筋・ステンレスピン等を樹脂アンカーで壁体に挿入して壁と一体化する（図3.39）。なお，鉄筋コンクリートよりも鉄骨の方が，将来取り外しがしやすい。このため，歴史的建造物の修復では好んで用いられる。

図3.38　バットレス補強

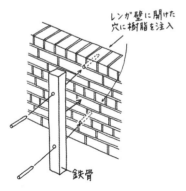

図3.39　鉄骨の付加

図3.37　タイバーで止めた補強

特殊な方法としては，壁体内部に穴をあけて鉄筋を挿入する工法がある（2章61頁，図2.11参照）。建造物の内外のデザインに影響が表れない補強として有効だが，壁体の頂部から穴をあける必要がある。そのため場所によっては小屋組の解体が必要になり，工期やコストへの影響が大きくなる。なお，壁面の大規模な崩落を防止するだけなら，見栄えに影響は出るが，布やネットを張るだけでも相当程度の効果がある（図3.40）。補強がすぐにできない場合には，面外に崩落の危険がある壁の外側に幅の広い花壇等を設けて，建造物に人が近寄れなくする方法もある。

　沈下が著しい場合等においては，組積造の建造物にも揚家・曳家（121頁参照）を使うことができる。ただし，基礎と躯体の切り離しや，重量があるので，木造よりも手間と工夫が必要になる。

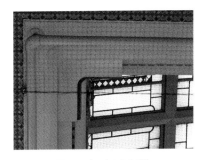

図3.40　ネットによる予防

c) 軒・小屋組

　伝統工法の軒の垂下対策は，伝統的には軒支柱を立てるか，桔木を増やす方法がとられる。しかし，軒の垂下は経年で桔木が効かなくなって生じていることが多い。一方で桔木を増やすと小屋組の荷重が増えてしまい軸組のバランスが取りにくくなってしまう。しかも，軒支柱はデザイン上の見栄えが悪い。そのため近年は，小屋組に鉄骨，鉄筋やステンレス棒を入れて軒を吊り上げる補強をすることが多い（図3.41）。

　また，組積造や木造の近代建築では，小屋組が木造トラスであることが多いため，その補強が必要になる。桁行方向にトラス同士を繋いで屋根面を固めておくと，床面や天井面の水平面剛性を高めたことと同じ効果を生む。これが，軸組部分の補強を軽減するための助けとなる。

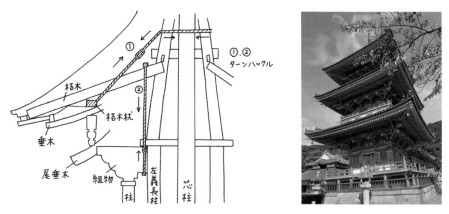

図 3.41 大きい軒の出をターンバックルで吊り上げた補強
清水寺三重塔（京都府京都市）／修理工事報告書より　写真提供：松崎照明

コラム　壁，小壁の壊れ方（図 3.42）

柱が傾斜して壁が壊れる場合，多くの壁で，柱と壁の境（「ちり」と呼ばれる）もしくは貫が入っている箇所が壊れる。これは，ちりの部分が最も接着力が弱いこと，貫が入っている部分が最も壁厚が薄いことによる。壁が壊れると，壁が柱の傾斜に抵抗しなくなり，柱が傾きはじめる。この時点から貫の部分にめり込みが発生して，粘り始める。

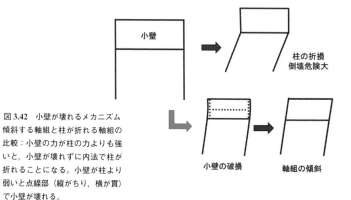

図 3.42　小壁が壊れるメカニズム
傾斜する軸組と柱が折れる軸組の比較：小壁の力が柱の力よりも強いと，小壁が壊れずに内法で柱が折れることになる。小壁が柱より弱いと点線部（縦がちり，横が貫）で小壁が壊れる。

写真上：貫部分で割れた小壁
写真下：ちりで壊れた小壁

コラム　柱の太さと耐震性能

同じ伝統工法の建造物であれば，太い柱の方が耐震性能も高くなることは容易に想像がつく。水平方向では，柱断面の大きさでその強度は決まるので，柱径の二乗分強度は違ってくる。5寸角の柱は，4寸角の柱と比べると，寸法は1寸しか違わないが，強度は1.5倍以上になる。

また，同じ太さの柱であれば，平屋よりも2階建ての通し柱の方が折れやすい。これは，柱の細長比が高さの分だけ細くなるためである。建築家の丹呉明恭氏と構造設計者の山辺豊彦氏は，平面が小さい2階建ての住宅を伝統工法でつくる際，通し柱にせず1階と2階を別の柱にする方法を提案しており，興味深い（図3.43）。また，積雪荷重の大きい新潟県の民家では，部屋の隅にほかよりもひとまわり太い柱を用いている（図3.44）。こうした太い柱は，積雪による鉛直方向だけでなく，地震や台風による水平方向の荷重に対しても有効である。

添え柱による補強（図3.31，図3.45上）は，柱を太くするのと似た効果が期待できる。なお，柱が太くできない場合のために，梁を添えて脚元を固める補強（特許詳細については巻末参照）も考えられている（図3.45下）。

図3.43　通し柱を使わない住宅（東洋大学）
提供：丹呉明恭・山辺豊彦

図3.44　新潟県の民家の柱

図3.45　上：建造物の内部からの添え柱補強
　　　　下：梁を両側から添えたはさみ梁による補強
　　　　　　©古川保／すまい塾古川設計室

コラム　防火上も有効な壁補強や面剛性確保（図3.46）

壁や水平面の剛性を高める耐震対策に，厚板を用いる方法がある。厚板は燃え抜けにくいので，防火上も有効である。このほか水平面に使うと，火の回りが早い木造建築において上階や小屋組への延焼を遅らせることができる。階段の出入口周りを厚板を使った建具で仕切って区画できるようにすると，煙の遮断も可能になるのでさらによい。

図3.46　耐震補強と防火

屋根工事

■要点と課題

伝統的な屋根の代表的なものとしては、土置きの瓦葺（本瓦葺、桟瓦葺）と、茅葺、こけら葺（図 3.47）、檜皮葺（図 3.48）といった植物性資材を用いた屋根が挙げられる。

図 3.47 こけら葺

a) 雨水の影響

屋根面は雨を直接受けるので、最も破損が進行しやすい。そのため、修復時に部材や部位を取り換えなければならないことも多く、古いものを最も残しにくい箇所のひとつでもある。普段から屋根の修復をこまめに行っておくと破損が躯体にまで及びにくくなるので、歴史的建造物の長寿命化に有効である。

1章で述べた通り、屋根のうち、谷の部分、屋根面の変曲点の部分、軒先、けらば等、特別に破損しやすい箇所がある（図 3.49）。それらには、軒付けを二重にする、水切りのよい葺き材を入れる（檜皮葺の上目皮等）といった具合に、伝統的にも改良が加えられてきている。しかし、それでもなお修復時に特別な工夫を要することが多い。

図 3.48 檜皮葺

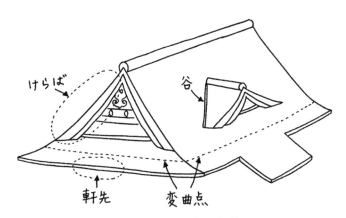

図 3.49 屋根の雨漏りが発生しやすい箇所

b) 災害の影響

　葺き土を用いた瓦葺の屋根のように屋根荷重が大きいと，地震や台風等の水平力に対して重心が高くなってしまい，躯体に不利にはたらく。そのため近年は，修復時に葺き土を無くすか瓦葺自体をやめる等，荷重の軽減が図られることが多い。一方，軽量の屋根（金属板葺，檜皮葺，こけら葺等）は，台風の際に葺き材自体がはがれる被害にあいやすく，屋根を軽量化する場合には風対策への配慮を要する。

　また，経年劣化によって瓦の葺き土の接着力が低くなってくると，地震時の揺れや台風で，瓦の落下やずれ等が発生しやすくなる。棟の瓦は高く積まれていることもあり，特に地震時に被害が発生しやすい。瓦のずれは雨漏りの原因にもなる。

　植物性資材を用いた屋根は，飛び火による延焼の危険性が高く，火災への対策が課題である。また，日照が少なく湿度が高くなると，表面に藻や苔，葺き材の内部に虫が発生する等，建造物内外に悪影響を及ぼすこともある。また藻や苔が発生すると，その場所で雨水がせき止められ，そこから雨漏りが発生する場合がある。

コラム　都市伝説：瓦の落下で免震効果

近年の地震では，土で葺いた瓦が落下する被害が多数報告されている。これに対し，伝統的な瓦葺は，地震時に瓦を落とすことで屋根荷重を軽減し，免震効果を発揮していると言う人がいるが，とんでもない誤りである。瓦葺が多数残る地域では，地震時であっても，葺いたばかりの瓦葺の建物にほとんど被害がなかったことが報告されている（図 3.50）。つまり，地震時に落ちるのは，経年で劣化して葺き土の接着力が弱まった瓦であり，瓦葺に免震効果があるとするのはまったくの誤解である。

図 3.50　茨城県桜川市真壁町の被害／東日本大震災
　　　　直したばかりの瓦は落下せず（右），老朽化
　　　　した瓦は落下した（左）。　提供：藤川昌樹

コラム　太い柱の建築と屋根荷重による転倒復元力（図 3.51）

耐震上の対策として，屋根荷重を軽くすることが推奨されているが，柱が太い法隆寺金堂のような建造物では，地震時に柱が傾く際に，上からの荷重によって柱にもとに戻ろうとする力がはたらき（「転倒復元力」と呼ばれる），耐震上も有利に作用する。また，柱の細い建造物では，柱が大きく傾こうとすると，指し付け等の接合部で柱が折れやすいが，柱が太いとその危険性も小さい。つまり，柱が太い建造物では，柱がある程度傾いても，転倒しにくいのである。また，通常は，上部の荷重が重くなると（「トップヘビー」と呼ばれる），重心が高くなり耐震上不利にはたらくが，太い柱を用いた寺社建築等においては，屋根の荷重を軽減するだけでなく，バランスを取った形で上から重量をかけ，転倒復元力に期待する耐震補強方法も検討に値する。

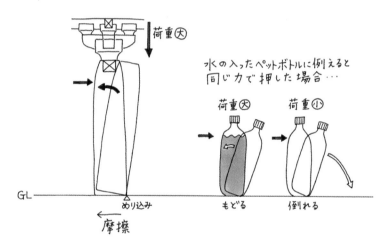

図 3.51　太い柱の転倒復元力

■伝統技術の評価と課題

a）下地

　伝統的な屋根の下地に使われる土や杉皮等は，現代の屋根の下地と比較すると，止水性能が高くない。一方，通気性・吸放湿性能は高い。

b）瓦

　伝統的な屋根瓦は，定期的なメンテナンスを行えば100年から150年に一度程度で葺き替えればよく，現代の一般的な屋根と比較しても寿命が長い。ただし現代の瓦と大きさや仕様が違い，一枚ごとのばらつきも多く，同じものをそろえることが難しい。そのため修復時に，伝統的な瓦を再利用するのか，現代の瓦を用いるのかの選択をする。

　現代の瓦は機械でプレスして仕上げるため，手で仕上げていた昔の瓦よりも土が圧密につまった形になる。つまり，同じ寸法の瓦だと，昔の瓦よりも現代の瓦の方が重いのである。よって，屋根の葺き替え時に新しい瓦に変えても，全体の重量は軽減されていない場合があるので注意したい。また，1970年代頃につくられた圧密な瓦は，表面に着いた雨が凍って爆裂し，表面の美観が損なわれる傾向があると報告されている。

c）植物性屋根

　茅や檜皮，こけらといった伝統的な植物性の屋根葺き材は，定期的なメンテナンスを行っても，20年から40年に一度ぐらいの葺き替えが必要である。また，燃えやすいことが欠点である。一方，先述した通り，自然由来の素材で再生産が可能，素材を生産するためのエネルギー消費も少ないという利点がある。

コラム　機械に頼ったことによる瑕疵

伝統技術において手作業で行っていたことを機械に変えると，手間が省けて仕事の効率も上がる。ところがそれにより建造物の寿命に影響が出る場合がある。

こけら葺に用いるこけら板の手割板と機械製材の板を比較すると，手割板の表面は水がスムーズに流れるが，機械製材では表面の水が流れにくく，それが原因で雨による劣化が進みやすい（図3.52）。また，茅葺の茅の表面は，通常よく研いだはさみで刈り込んで仕上げる。これを電動のこぎりで仕上げると，切り口が裂けたようになり，水切りが悪い（図3.53）。よく研がないはさみで仕上げたのと同じで，その部分に水がたまり寿命が短くなるのだ。

手割によるこけら板の製作の様子

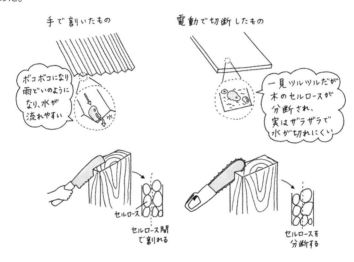

図3.52　機械製材と手割による屋根板の違い

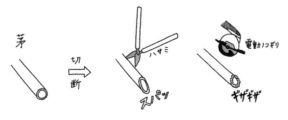

図3.53　道具による茅の切り口の違い

■対応策と工夫

a) 雨水への対策

　雨による被害が特に発生しやすい箇所は，下地に金属板や防水シートを挿入する等で止水する方法がしばしば取られる。ただ，金属板等を使って下地の性能を高めると，通気性や吸放湿性能が低下する。近年は通気性の高い防水シートが開発されているので，そちらを使いたい。

　植物性屋根の寿命も，下地の性能を高めることである程度対応できる。下地で防水することで，屋根葺き材が破損しても室内への雨水の浸入を防げるからである。とはいえ，屋根全体を下地で強化することは少なく，谷のように漏水しやすい箇所だけを強化することがほとんどである。

　湿気で腐りや虫菌類が発生した植物性の葺き材は，日当たりと風通しをよくするのが理想である。そのために周辺樹木の剪定や除却を行うが，保護樹や御神木であるような場所では，カビや苔等の発生を抑制する薬剤を散布することで対応する。なお，一定の間隔で銅板を挿入する檜皮葺やこけら葺の葺き方があるが，これは銅に菌類の発生防止効果があることによる。

b) 耐震対策：瓦葺

　耐震対策として瓦の葺き土をやめる場合，地震時に瓦や棟が落下するのを防止するため，釘止めや番線止めを行う。古い瓦を再利用する場合も同様のことを，その瓦に行う（図3.54）。瓦の葺き土を無くすと下地による防水性能が低下するので，防水シート等でそれを補う。また，瓦の裏面で小屋裏の暖かい空気が冷やされて結露し（伝統的には，この結露を葺き土が吸湿していた），それが原因で野地板等の下地が腐朽することがあるので，通気性を確保したい。古い瓦はばらつきが大きく，再利用する際に葺き土を省略すると上手く留まらず，台風時にずれやすい。葺き土は筋置き程度に使って葺く方が無難である（図3.55）。

　役物瓦や釉薬を塗ったような特殊な瓦は，経年による劣化で再利用が困難な場合でも，樹脂で補強して再利用することがある。

図3.54　古瓦の再利用
上：穴あけ，下：番線止め

図3.55　葺き土の筋置き

豆知識 オランダや南アフリカの茅葺
オランダや南アフリカの茅葺では、防火対策として、屋根下地に耐火ボードを使用する、下地に遮炎シートを挿入するといった方法がとられている。そうすることで、茅葺屋根に火災が発生しても、室内や躯体に燃え広がることを防ぎ、被害を軽減できる。

c) 火災対策：植物性屋根

　植物性の屋根の火災対策としては、前章で示した通り、ドレンチャーや放水銃を設置して飛び火による延焼の防止対策に、消火栓を設置して火災の拡大防止策にすることが一般的である（図2.13）。ただし、ドレンチャー、放水銃、消火栓を使うには、十分な水源、水圧や配管が必要で、設備の設置・維持にも相当の費用が必要になる。水源や水圧の得られない地域で有効な対策として、高粘度液体を用いた消防方法の開発を工学院大学等が行っていることも前章に示した（2章79頁）とおりである。

コラム　こけら葺の寿命

こけら葺の寿命は約30年程度といわれている。葺き材に使う「こけら」が劣化するためで、直射日光が繰り返し当たって夏目部分（年輪と年輪の間）のリグニンが減少し、その部分がやせることで生じる。最初に寿命を迎えるのは、変曲点や谷のような雨漏りが発生しやすい箇所で、これは雨水による濡れと日照による乾きの環境変化が大きいことによる。傷みやすい部分のこけら板に遮熱塗料を塗ると、劣化の速度を遅らせることができ、屋根の寿命をのばせる。工学院大学では、それを検証するための試験体を用いた実験を行っている（図3.56）。

国指定の重要文化財建造物では、こけら板に天然林で採取された目のつまったサワラを通常用いる。ところが、そうしたサワラは、入手が近年困難になってきているうえ、育てるには百年単位の年数がかかる。工学院大学では、こけら板の改質実験と同時に、一般的なサワラ、入手が容易な目の詰まったスギ、植林による目の粗いスギ（30～40年程度の育成で入手可）から採取したこけら板の寿命の違いも検証している。現時点では、素材の違いによる影響はほとんどなく、板材の反りにわずかな違いが発生しているが、寿命に影響を与えるほどではない。

図3.56　こけら板の改質実験の様子
写真の縞模様に見えるところは、柿渋、木酢液、遮熱塗料等の各種の上塗りを施している箇所。各種の上塗りによる板への影響と経年後（10年間を予定）の変化を観察し、その効果を検証している。現時点での結果で、最も効果的なのが、遮熱塗料の塗布である。

造作工事

■要点と課題

建具や内装の工事に代表される造作工事は，室内環境と深く関係しており，室内の意匠を決める上でも重要である。また近年は，地震時に天井のような造作材（非構造材と呼ばれる）が壊れて大きな被害をもたらすことがあるため，その強化に関心が集まっている。

壁は地震時等に被害も発生しやすく，修復時に塗り直されやすい（躯体工事の項参照）。そのため，古い時代の仕様，工法，技術を残しにくいという課題がある（註）。

【註】桂離宮や茶室のように，壁の意匠や工法が歴史的に重要なものでは，壁を保存する方法として，ちり回りで壁全体を切り取り，ちり回りと下地に細工を加えて，もう一度保存した壁をはめ込む特殊な修復が行われている。

a）室内環境の向上

現代では室内環境の省エネルギー化等が意識されるようになってきている。なかでも近年は温熱環境についての関心が高く，断熱性や気密性が重視される傾向にある。一方，古民家をはじめとする歴史的建造物のほとんどは，そうした性能を持っていない。歴史的建造物を残していくためには，室内の温熱環境の改善が必要になる。

b）非構造材の強化（落下防止対策）

近年の地震で，歴史的建造物においても天井材の落下が報告されている。特に高い位置にある天井・照明器具や，近代建築の漆喰塗天井，寺院の天蓋（図3.57）のように大きな重量のあるものは，落下すると人に大きな被害をもたらす可能性があるので，落下防止の対策を講じなければならない。

図 3.57　寺院の天蓋

■伝統技術の評価と課題

a）高温多湿な夏季へのパッシブな性能

歴史的建造物の多数を占める伝統的な木造建築の温熱環境は，深い軒の出や縁側による遮熱効果等，高温多湿な夏季に対してパッシブな性能を備えていることが知られている。室内環境という点では，現代の建築

と比較して，大きな小屋裏空間による断熱効果，開放的な間取りによる通風の良さ，木材や土壁・漆喰壁の吸放湿性能の高さ等の利点がある。

一方，外壁の断熱性，気密性は低く，冬季の寒さ対策には課題がある。

b）非構造部材と意匠

非構造部材には，洋風建築の天井の中心飾や和風建築の襖絵のように，意匠上で重要なものがある。なかには，再現が困難で破損していても取り替えられないケースもある。非構造部材に耐震上の危険があると知られるようになったのは近年で，一般の建造物でも天井落下防止等の対策はとられはじめたばかりだ。そのため，歴史的建造物の非構造部材の耐震性能や危険度は，ほとんど知られていないのが実状である。

■対応策と工夫

a）冬季の寒さ対策

古民家をはじめとする歴史的建造物は，現代の家屋に比べて規模が大きい。そのため，外壁部分で気密性，断熱性を高めることにこだわるのではなく，これらの性能を高める場所を一部の部屋に限定する等，部分的に高める方が経済的かつ現実的である（図3.58）。

| 豆知識 | ヒートショックに注意

風呂場や便所が寒いことで，ヒートショックを起こし，事故につながっている例が，近年多数報告されている。そのため，部分的に気密性・断熱性を高める際には，風呂場や便所を含めて性能を上げておきたい。

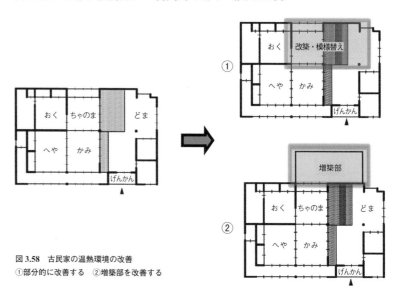

図3.58 古民家の温熱環境の改善
①部分的に改善する ②増築部を改善する

実際に、古民家では昔から冬季に利用する部屋を限定する等、寒さへの対策を部分的に行っていた。室内においても、古くは、こたつ、火鉢、衝立等を利用して、体の局所を温めることで対応していた。

b) 温熱環境の改善

歴史的建造物の冬季の温熱環境を少しでも改善するためには、建具回り、床面、壁面での気密性、断熱性を確保しなければならない。

①建具による対策

建具を意匠上の理由等によって気密性・断熱性の高いものに取り換えられない場合には、新たに枠を取り付け、気密性・断熱性のある建具を付加する方法が一般的である（図3.59）。枠の太い近代建築の窓廻り等では、木製建具の枠の外側と建具受けの木製枠の内側に樹脂枠や金属枠を取り付け、気密性を高めることもある。

歴史的建造物の建具は止水性も高くない。軒の出が短い洋風建築等では特に止水性も高めておきたい。改善法として、窓受けの下枠に水勾配をとる、同枠に金属板を被せて水切りとする、水の浸入を防ぐ立ち上がりをつくる等の方法がある。

傾斜や沈下で気密性が悪化して動きが悪くなった建具については、解体して枠の部分を調整することで症状が改善できる。なお、近代建築の分厚い板扉は燃え抜けにくいので、建具回りの気密性を高めると防火扉としての役割も期待できる。

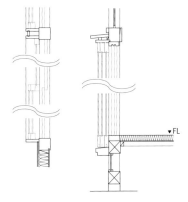

図3.59 建具の付加
左：平面図、右：断面図（図の左側が屋外、右側が室内）
柱筋にある伝統建具（障子引き違い等）の外側に、柱面に枠を付けて、木製サッシ引き違いと網戸を入れて、気密性と止水性を高めている。　提供：アルセッド建築研究所

②床面の対策

床面は通常は気密性が低く、室内温度を低下させる原因になっている。床が冷えると、外から入る風が冷たく感じて、より寒さを感じるようになる。そこで、床下に断熱材を入れるだけでなく、床暖房等によって室内を温めると、体感温度が上がり温熱環境の改善に特に有効である。

ただし、断熱材や床暖房を入れると床材の厚さや納まりに影響がでやすい。畳敷では、畳を薄縁に変えて断熱材や床暖房パネル等を畳床の厚

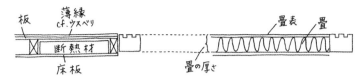

図 3.60 畳の厚さを利用した床面の改修

さ分に納まるように入れる（図 3.60）と，納まりへの影響が少ない。

床面については，気密性，断熱性を高めると同時に，先に述べた通り，水平面としても剛性を高めると耐震上の強化にもなる。

③壁面の対策

伝統的な木造建築に使われる真壁では，壁厚が足りず断熱性能が確保しにくい。また，壁と柱の境（「ちり」と呼ばれる）に隙間が生じると気密性も確保できない。ちりに溝を掘って，ひげこ，のれん（図 3.61）等を使って壁の取り付きを改善すると，気密性の問題は解決できる。

断熱性については，柱が太ければ真壁のなかで断熱材を納められる。柱が細い場合は，外部か内部のいずれかを大壁にする，もしくは，付け柱を打ち，柱を太くして断熱材を入れる。

気密性を高めることは，炎が入るのを防ぐことにもなり，防火（遮炎）性能の向上にも有利である。また，付け柱によって柱を太くすることは，耐震上にも有利にはたらく。

c）室内環境改善時の注意点

室内の断熱性・気密性を高めると，室内の環境は大きく変わる。そのうえで室内に空調を入れると，伝統的な木造建築では木材の置かれた環境も著しく変わることになり，木部に割れや歪みが生じやすくなる。良質な木材を使った座敷等においては，特に注意したい。

図 3.61 木造真壁のちりの補修
上：ひげこ，下：のれん

d) 非構造材の補強と対策

非構造材の落下防止策としては，伝統技術の天井等の性能を評価し，不足している場合には補強を施す。強度だけで落下を防止することが困難な場合には，壊れた非構造材の大面積での落下を阻止する，または落下の速度を遅らせる等，人への危害を無くす工夫（「フェイルセーフ」と呼ばれる）が重要である。

e) 天井の落下防止対策

天井等の非構造材の落下を防止するフェイルセーフの方法は，梁等から落下しそうなものを吊り上げておくのが一般的である。

漆喰塗天井については，細い木を横に並べた「木摺（きずり）」を下地に用いて塗り上げることが多いが，塗った天井の一体性が保たれていれば落下の危険度はほぼない。一方，経年や雨漏り，地震等によって，接着力が極度に低下したり，クラックが入っていたりすると，その部分がきっかけとなって大きな面積が崩落しやすい（図 3.62）。そうした部

図 3.62 熊本地震で落下した漆喰塗天井の例
提供：熊本地震被災歴史的建造物復旧支援委員会

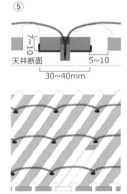

図 3.63 アクリル樹脂を使った接着の手順
①穴あけ，②樹脂接着剤注入，③縄かけ，④パテ埋め，⑤実施工事のイメージ図，⑥新技術を使って天井の落下防止対策を行った旧岩手銀行本店本館（岩手県盛岡市，重要文化財）　協力：樹，ジャスト，文化財保存計画協会

実例　アクリル樹脂系接着剤を用いた土蔵壁の落下防止対策（図 3.64）

アクリル樹脂系の接着剤は、1章で紹介した土蔵の破損（44〜46頁）への対応に用いることも可能である。
樹脂接着剤で、既存の壁に下地となる「さげお」を定着させ、「さげお」に仕上げ塗を伏せ込み表面を仕上げる。そうすると、「さげお」の力で仕上げ塗の荷重を支えられるので、仕上げ塗と中塗りとの間に界面剥離が発生しても、大面積での剥離は防止できる。また、粗壁・中塗り部分に、樹脂接着剤をアンカー状に注入することによって、強度の低下した粗壁・中塗り壁を補強することができる。そうすると、補強した部分の力で、鉢巻きや柱外の大壁のような重量のある部分を支えることができるため、大規模な崩落を防ぐことができる。なお、一般的なアンカーは壁と馴染まずアンカー部分で壁の亀裂が発生してしまうが、樹脂接着剤によるアンカーは、そこから壁部に接着剤が染み出すので、通常のアンカーよりも亀裂が発生する確率を低下させることができる（特許詳細については巻末参照）。

新技術を使って壁の施工を行った事例
村田薬局（秋田県横手市）／
協力：樹, ジャスト, 秋田県横手市

図 3.64　土蔵の壁落下防止対策
①ドリルで穴をあける　②穴にひげこを入れる　③穴に樹脂接着剤を注入する
④穴から出ているひげこを伏せ込んで上塗りを行う

分は，修復時に天井を塗り直すことが多いが，彫刻，こて絵やフレスコ画等があると塗り直しは困難である（特許詳細については巻末参照）。

その落下防止対策として，工学院大学ではアクリル樹脂系の接着剤を用いた新工法を接着剤メーカーと共同して開発している（図 3.63）。これは，漆喰と木摺の接着力が低下した箇所やクラックが発生した箇所の接着力を，木摺の裏側から強化する方法である。また，木摺の裏側の強化箇所に縄を接着して一体化し，漆喰天井が落下しようとしても縄がつなぎとめるようにしている。その縄の端部にさらに縄を結び，天井吊木や梁と緊結することで，二重のフェイルセーフとしているのである。

近代建築のなかには，金網を下地としてモルタルを塗り上げた天井もある。見た目は，漆喰塗天井と大きく変わらず補強方法も同様だが，金網は錆びやすく，モルタルは漆喰よりも重量がある。そのため，漆喰塗天井よりも落下の危険性が大きいので注意したい。

> **コラム　装飾部材の補修**
>
> 素晴らしい彫刻や細かい組子を持つ欄間のような建具で，組子が一部だけ欠けたり，折れたりしているのを時おり目にする（図 3.65）。こうした場合，組子をつくり直すのもひとつの方法だが相当の手間がかかる。最も簡便なのは，伝統技術で使っている膠（にかわ）を使って折損部分を接着する修復方法である。市販されている木工用ボンドでも接着は可能だが，木工用ボンドは古材と馴染みにくく，はみ出して美観も損ないやすい。これに対して，伝統的な接着剤である膠は，接着力はあるが，お湯で溶かせるので，失敗した時にもやり直しがきき，お勧めである。このように，修復する際は，次の修復がしやすい方法をとることが理想である。
>
>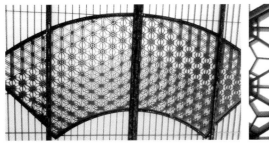
>
> 図 3.65　一部が欠けた欄間

仕上げ工事

■要点と課題

a) 劣化と調査・記録

建築は仕上げによって大きく印象がかわる。歴史的建造物の修復においても，仕上げ方法の選択は重要である。仕上げ工事の代表的なものに塗装工事があるが，その際に配慮すべきなのが建造物の経年変化である。歴史的建造物は，年数の経過によって建設当初と仕上げの状態が変化していることが多い。なかでも塗装部分は，退色や劣化が進みやすい。

外装の仕上げ面は，屋根と並び，最も風雨にさらされる部分のひとつである。そのため，歴史的建造物に使われていた伝統技術が判明しないことも多い。よって，修復にあたっては，古い仕上げについて慎重な調査をした後に工事方法を決めることが望まれる。特に，塗装工事を行う場合，古い塗装の上から塗ると，もとの状況はわからなくなってしまうし，もう一度調査することも相当困難になる。また，上から新たに塗装するために，もとの塗装を剥がさなければならないこともある。こうした場合には，もとの仕様を十分に調査し，記録しておく必要がある。

b) エイジング・洗い

修復の際，経年による仕上げの変化をもとに戻すのか，変化を「時代の積層」として評価して残すのかによって工事方法は異なる。また，経年劣化等によって部分や部位を新しいものに取り替えざるをえない時に，新しい部分を周囲にある経年した箇所にあわせるのか，もしくはまったく時代が異なるものとして区別できる形にするのかの判断も必要になる。

経年した古い部分・部位にあわせて，新たなところを経年したかのように見せる細工を，「エイジング」という。古びて見えるように柄や色を付ける伝統技術の「古色塗り」はその代表的なものである。その反対に，古い部分・部位を洗浄したり（「洗い」と呼ばれる），塗装し直したりして，新しい部分に馴染ませる方法もある。

図3.66 修理工事による印象の変化
上：修理前 下：修理後
戸隠神社本殿修理工事報告書より

c）修復時の塗装

多くの建造物は，修復前に塗装が退色しているので，修復時に塗装をし直すと印象が大きく変わる。一般の人々は退色した姿が目に馴染んでいるので，それが原因で「違和感を憶える」といった批判の対象となりやすい。修復時の塗装については，より慎重に熟慮し，それを行う場合でも関係者の合意を十分にとったうえで実施するよう心がけたい。

■伝統技術の評価と課題

a）塗装の種類と特徴

伝統的な塗装工事には，漆，極彩色，柿渋等の塗装がある。細かく見ると，漆にも，蝋色塗，堆朱塗をはじめ，様々な塗装方法がある。近代以降に加わるペンキ塗やニス塗も，水性ペイントやオイルペイント等，塗料の質も含めて様々である。

塗装は，美観を整えたり，表面を保護して耐久性を高めたりするために施すと言われており，伝統的な塗装には防虫効果があることも知られている。一方，塗装を施すと木部の表面の吸放湿性能が失われるという欠点がある。こうなると木部に湿気がたまりやすくなり，塗装面は美しく保たれていても，内部で虫菌類による被害が発生しているといった事態が生じやすい（図3.67）。また，漆は強度も高く，耐久性もあるが，日光に弱く，日が当たると艶が消えて退色しやすい。

伝統的な塗装方法は，植物等の天然由来の素材を用いていて地球環境に対する負荷が少ないことから，評価し直す動きも近年ある。ヨーロッパの先進諸国，特にドイツでは蜜蝋ワックスの利用が盛んに行われる等，その傾向が顕著である。

塗装は，経年による劣化，退色後に塗り直されやすいので，歴史的建造物といえども，現在の色，絵柄がもとの色，絵柄から変化している場合が多い。そのため，修復時に，どの色や絵柄を選択するかが議論になりやすい。なかでもペンキ塗装は比較的新しい技術のため，建設当初と現代のペンキ塗装では，塗料の質や性能に大きな違いがある。現代の塗

図3.67 漆塗り柱の脚元の腐朽
柱を漆塗り仕上げにすると，礎石から吸い上げた結露の水の逃げ場がなくなり，柱が脚元から腐りやすくなる。

料は，対候性，耐久性ともに古い時代の塗料よりも性能が向上しており，過去の塗料は生産していないことも多い。そのため，修復の際，もとの仕様にならった塗装を再現するのはコスト高なうえ，短寿命となりやすい。よって，古いペンキ塗装を使う場合は，価値にかかわる相当の理由付けが求められる。国が指定した重要文化財建造物の修復で古い塗装の再現をしばしば見かけるが，一般的にはあまりお勧めできない。

b) 伝統的なエイジング・洗い

　エイジングや洗いは，伝統的に行われてきた。伝統技術のエイジングとしては，木材の表面に柿渋を塗って建造物に使う部材の色調を整える方法等があるほか，焼いた木板の表面を擦って木目を浮き上がらせ，古材のように見せる方法もある。伝統技術の洗いとしては，米ぬかを使って表面をふいて木材の艶を引き出すといったことが知られている。

　エイジングや洗いは，職人による独自の工夫で行われる場合も多く，古いものになればなるほど仕様書の類も残っておらず，実態がつかみにくいという課題がある。一方，薬剤等を使用して部材の表面の汚れや色を化学的にとる「洗い」は，明治期以降の近代に発達した。

　このほかに，エイジングや洗い以外の目的で，部材や部位の表面に手を加える手法もある。焼き板（杉板の表面を焼くので「焼き杉」とも呼ばれる，1章49頁参照）は，その代表的なもので，日本西部の海岸地方では，防虫や塩風による木部の劣化対策として使用されている。

■対応策と工夫

a) 剥落止め（図3.69）

　塗装された絵画，彩色，文様等が部分的に剥がれかかっているような場合には，その箇所を接着し直す「剥落止め」という措置が取られる。これは，塗装の浮きが発生している場所に，注射針やスポイト等で伝統技術で用いる接着剤（膠等）を注入し，軽く上から抑えて浮きを止める方法である。剥落止めの接着力が強すぎると，そこがほかの箇所を引っ

図3.68　エイジングの工夫

豆知識　エイジングの工夫
ときには，意図的にエイジングをしないこともある。修復で接ぎ木を行う時に，しばしば新しく使った木を，もとの部材よりも一回り太くすることが多い（図3.68）。これは，経年後に，新しく使った木がやせてくるので，その時にもとの木と寸法があうことを予測した木の使い方である。いわば，エイジングをしないエイジング予測ともいえる手法である。

張って，別の箇所に剥がれが生じてしまうので注意したい。

b）塗り直し

塗り直しを行うには，もとの塗装を剥がして塗り直す。そうしないと，もとの塗装の表面と塗り直した面の下地との間で剥離が生じやすく，長持ちしない。もとの塗装を剥がすには相当の手間がかかるので，十分に検討したい。また，塗り直しは定期的に行わなければならないので，将来に備えた維持管理計画を立てておくことも重要である。

1章でも述べた通り，塗り重ねられた塗装は，紙やすり等を使って丁寧にこすり出し（図1.52 ①）を行うと，下の層の塗装が見つかり，もとの色が判明することがある。顔料系の塗料であれば，科学的な成分分析によって金属反応が出るので，高い確度でもとの塗装の原料が判明する。この分析は大規模な塗料メーカーであれば対応してくれる。植物系の染料は，退色すると，科学分析を行ってもタンニンが検出されるのみとなってしまうので，もとの素材や色をつきとめることは相当に困難である。

c）新技術によるエイジング・洗い

エイジングについては，伝統的な方法に加え，新たな方法も開発されている。例えば，近代建築の仕上げのタイル張りでは，劣化で落下危険性のあるものを取り替えなければならないことがある。その際に，タイルの色を同一色にせず，いくつかの色をランダムに混ぜて使うことで，経年で様々な色に変化した様子を再現する方法がとられている。

「洗い」についても，様々な洗浄方法が開発されており，温水，活性化水，薬剤混入水のように化学的な水質によるもの，高圧水のように洗浄するノズルに工夫を加えたもの等，種類は様々である。「洗い」の原理も様々で，表面に着いた汚れを活性化させて取る，汚れを分解する物質を使う，表面を薄く削り取る等の方法がある。

木造の場合，洗いは外部よりも室内で用いることが多い。それに対して，組積造やRC造では，外部の表面の汚れを取るために用いられることが多い。近年は洗いの技術が発達してきているため，組積造やRC造

図3.69　剥落止め　提供：菅澤茂
上：修復前
中：接着剤の注入（左），注入した場所を上から押さえ，あわせて汚れを拭く（右）。
下：修復後

では，洗いすぎると新品と古いものの違いがわからなくなってしまうことがある。そのため，歴史的建造物では，エイジングを意識して，少し汚れが残る形で洗いを止めている場合もある。

コラム　漆喰の汚れ

天井や壁の仕上げに使う漆喰は，吸放湿性能が高いため空気中の汚れを吸着しやすく，経年でどうしても汚れが目立ってくる。すると，その美観を取り戻すために，漆喰の上からペンキで塗装してしまうことが多い。これは，塗った当初はよいが，さらに年数が経つとペンキが割れて剥がれてきて，ぼろぼろになる（図3.70）。この様子を見て建造物の寿命だと思う人がいるようだが，建造物の健全度とはまったく関係無い。

割れと剥がれを直す方法は，ペンキの部分を丁寧に剥がしてペンキを塗り直すか，ペンキと漆喰の仕上げを剥がして漆喰を塗り直すかのいずれ

図3.70　漆喰の上から塗られたペンキの劣化状況

かである。ペンキ塗りは汚れを隠す簡単な方法ではあるが，こうした経年後の結果を見る限り，使用はよく考えた方がよい。

表面が汚れた漆喰については，汚れが完全に落ちるわけではないが，アルカリイオン水による洗浄がお勧めである。なお，漆喰を使って塗り直すと，美観を取り戻せるだけでなく，漆喰が本来持つ吸放湿性能や抗菌性能を保持し続けられるメリットもある。一方，漆喰の上からペンキを塗ってしまうと，その性能も失われることになる。この点でもペンキ塗りは避けた方がよい。

コラム　文様や彩色の復原時の工夫

文様や彩色が描かれた部材を修復する際に，部材に塗り直しを行うと，もとの塗装は二度と見られない。そのため，貴重な文様や彩色があるが塗装をやり直したい場合には，もとの塗装面をそのままにして，部分的に塗装を補う（図3.71）。また，全体を塗り直したい時には，薄い板や和紙等を使って塗装面の全体を上から覆って，覆った板や和紙の上に塗装を施す方法がとられることがある。こうすると，もとの文様や彩色を残しながら，新たな塗装工事ができる。

建造物に描かれた絵画や文様，彩色に亀裂が入り剥落が激しい場合には，一度それらを剥がして，和紙等の下地の上に剥がしたものを貼り付け，新たな下地ごと建造物に再度取り付ける方法もある（図3.72）。

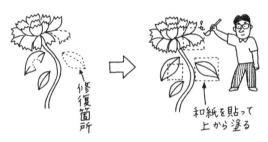

図3.71　部分的な補修

図3.72　ひび割れた梁の彩色の修復　提供：菅澤茂
上：割れた部分の彩色を丁寧に剥がす。
中：剥がした彩色の裏に接着剤を付けて和紙で裏打ちする。
下：和紙に貼った彩色を梁に取り付ける／和紙の裏面に接着剤を付け梁に取り付ける。和紙を吊る形で梁の上面に留めつける。

> **実例** 築地本願寺本堂の文様・彩色の修復

築地本願寺本堂の文様・彩色は，1934年の建設時のもので，コンクリートの仕上げモルタルの上に漆喰を下地に使って塗装が行われていた。そのため，モルタルと漆喰との間で激しい剥離が発生しており，同じ仕様で塗り直しても，再度同様の破損が発生するおそれがあった。そこで，当初の彩色を保護しつつ塗り直すべく，塗装を解体して和紙の上に貼り付け，それを部材に取り付ける方法（図3.72）と，劣化した彩色をそのまま残し，その上から強化和紙で覆って，強化和紙の上に新たな彩色を施す方法（図3.73）を採用した。

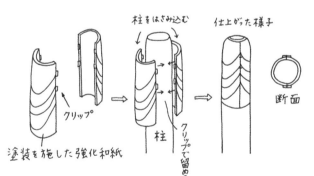

図 3.73　強化和紙を柱に巻く方法
柱に描かれた彩色の修復
①半円形の強化和紙に彩色を施す。
②半円形の強化和紙を両側から柱に取り付ける／和紙は内法長押の上に乗る。
③強化和紙に取り付けた金具を止めて完成／金具は欄間で隠れる。

Chapter 4:
Documentation

4章 記録

記録は，序章でも述べたように，医者が作成するカルテ（処方箋）に相当すること，記録によって保存することという，主に二つの役割がある。そのほか，建造物の種類や用途によっては定期検査を行って記録を残すといった具合に，記録が法制度上の義務や要件となっている場合もある。

　実務においては，1章から3章までに述べた調査，計画・設計，施工の作業の内容を可能な限り記録し，処方箋と保存の両方の目的を果たせるようにすることが望ましい。この理想の姿に近づけるためには，記録に写真，図面を可能な限り多く含め，修復前，工事中，竣工後，それぞれの段階で，写真と図面をそろえたい。特に，工事中の発見にともなう変更箇所の施工図および写真は，保管しにくく紛失しやすいので注意しなければならない。また，設備の設置個所や配線・配管類は，修復工事前の計画とは異なる結果となることが多い。そのため，修復工事の竣工後に，実施した形に図面を修正し，記録として残しておくことが重要である。なかでも，BIMを使って図面をデータにして管理しておくと，計画時と竣工時の違いを修正するうえで便利であることは，1章で記した通りである。

4.1　処方箋としての記録

　処方箋としての記録は，歴史的建造物に対して行った修復の作業の内容，並びにその目論見について，書面やデータとして記録を残し，将来の修復時やほかの建造物の修復に役立てることを目的に作成する。同時に，将来必要となる保全の規模や頻度の予測を記し，将来の維持保全や改良保全にかかる費用等，ライフサイクルコストの算定に役立てる。

　特に，修復工事前にどのような破損が進行しており，それに対してどのような工事を行い，どのような結果を期待したのか，さらに，当該箇所に，将来どのような保全が必要になると予測したのか。これらについて記しておくと，将来の修復時にその結果が検証できる。この検証結果は，建造物の長寿命化に活用できるだけでなく，より精度の高い修復を行うための基礎データとなる。期待通りの結果が得られないことも多いが，その場合は次の段階で修復方法の見直しを行う。

　検証で得られた結果をほかの建造物の保全に役立てるには，データの公表が前提になる。ただし，現場で作成した記録そのものは機密情報を含む可能性もあり，そのままでは公開できないことも多い。そうした場合には，場所を特定できないようにして要点のみを日本建築学会等で発表する等，別の形をとって公開する。

　国が法律で保護しており，修復工事に公的な資金を支援している国宝・重要文化財については，データは広く公開されるべきである。そのため，これらの修復工事においては，後述する修理工事報告書（本章151頁）を作成し，公開している。

4.2 記録による保存

修復では，もとの建造物のすべては残せない。取り替え箇所や，手を加えなければならない箇所が必ず発生する。すると，取り替えた部材や手を加える前の状態を，後世の人が見ることができなくなるので，記録によってデータを残すことが理想である。取り替えた部材や部位を，どこかに保管できるような場合には，そのリストと保管場所を記録して残す。

取り替えや手を加える行為には，歴史的建造物の価値に対する判断や，破損の進行からくる判断といった，何らかの動機がある。そのため，記録にはその動機をあわせて記すようにする。また，復原を行う場合には，その方法を選択した根拠（例えば，痕跡，過去の写真等）を記録に残す。同様に，手を加える際には，なぜ手を加えたのか，その部分のデザイン（新旧の対比，歴史的なものに調和させる等）をどのように決めたのかについても，記録に残すようにする。

豆知識　歴史的建造物の取り壊しと記録
歴史的建造物のなかには，何らかの事情によって，ときに取り壊さざるを得ない場合もある。その際にも記録が作成されることが多い。そうした記録では，壊す前の姿を写真や図面で記録することに加え，歴史調査を行って，その結果を記録に含めることが多い。場合によっては，部材や部位に対して強度試験や劣化試験を行うなど，類例の修復の際に助けとなるデータを採取して，それを報告書や学会等の場で公開することも行われている（図4.1）。

図 4.1　取り壊し時に記録を作成した報告書の例
左：福室家住宅調査報告書，右：工学院大学八王子図書館

4.3 修理工事報告書

　近代における歴史的建造物の修復の黎明期（日本では明治後期）には，著名な歴史的建造物のいくつかを修復するための大規模な工事が行われている。そうした工事では，相当の箇所に手が加えられ，多くの部材が取り替えられ，ときには復原が行われているが，その記録はほとんど残されていない。工事の前に使われていた建造物の部位や部材は多数失われてしまい，記録もないため，今では失われた部位や部材が判然としない。それらに建設当初の貴重な部材が含まれていた可能性もある。なかには，復原の判断のどこまでが正確で，どこまでが推測に基づくのか判らないものもある。

　時代とともに修復の経験を積み重ねることにより，上記のような課題が浮き彫りになっていった。この結果，現在では，国が文化財保護法で国宝・重要文化財に指定した建造物について，国庫補助金を使って大規模な修復工事を行う際には，克明な記録を作成し，それを書面で公開するようになっている。それが，「修理工事報告書」である。

　修理工事報告書は，処方箋と記録保存を兼ねた記録のモデルとして参考になる。一般的な修理工事報告書の構成は右欄に示した通りである。概説（第一章）には，建造物の歴史，由来や変遷のほかに，構造及び形式，破損状況と工事の方針も記されている。記録保存のため，変更を加えた理由と箇所は「復原と現状変更」（第四章）に記載される。写真と図面は工事前と竣工後の両方を掲載する。

　なお，修理工事報告書には，竣工後の保全の予測が含まれてない。しかし，建造物を適正に利用しながら保存していくためには，保全予測をもとに，資金の積み立て等建造物の将来の運営を図っていかなければならないし，記録には「事後の保全予測」も，当然含める必要がある。つまり，修理工事報告書が，修復における記録のすべてではないので，要

【修理工事報告書の構成】
口絵
序
目次
第一章　概説
第二章　実施仕様
第三章　建物の調査
第四章　復原と現状変更
第五章　発見墨書他
写真
図面

注意である。

　本章まで読み終えた読者の方は，修理工事報告書のように立派でなくてもよいので，各段階の作業と写真，図面を記録として残すことにチャレンジしてもらいたい。

コラム　建築博物館

建造物の図面や写真をはじめ，その建設や保全に関わる記録や資料の類は，修復の際に貴重な情報を与えてくれる。それだけでなく，建造物は，社会の重要なインフラであり，人類が築いてきた文化と文明の結晶でもある。そのため，建造物の記録や資料を保存，保管するための博物館は，世界中に多数設けられており，国立や公立の機関として，国や公共機関がその運営を行っていることが多い。2007年に開館したフランスの建築・文化財博物館（パリ市）は，その代表的な例である。

日本でも，近現代の建築に関して，文化庁所管の国立近現代建築資料館（東京都文京区，図4.2）が2012年11月に設置された。とはいえ，残念

図 4.2　国立近現代建築資料館内観

ながらここに保存，保管されているのは，ごく一部の建築家に関する記録や資料に限られている。また，江戸時代以前の建築関係の資料については，独立行政法人国立文化財機構の各国立博物館に保存・保管されているものがあるが，いずれの館にも建造物を専門に扱っている部署はない。ほかに，独立行政法人国立科学博物館の理工学研究部の科学技術史グループに建築・土木が専門の研究者がおり，同館の産業技術史資料情報センターで建造物関係の技術についても扱っているが，いずれも諸外国の建造物専門の博物館と比較すると，内容的には寂しいものとなっている。将来，近現代建築資料館に各博物館の建築関係の資料や部門が統合され，それが発展して海外にも誇れる建築博物館が我が国にもできることを願ってやまない。

Epilogue:
Practice, Principles and Laws

終章 実務と理論, 法制度

最後に，歴史的建造物の修復においてグローバルスタンダードになっている国際的な理論と，実務上の助けとなる日本国内の法制度について紹介する。

　世界各国における修復の入門書を見ると，国際的な理論（定着している考え方や指針類）を先に学び，その後に実務的なことを学ぶ流れが多い。けれども，考え方や指針は，これまでの多くの修復の経験の積み重ねからつくりあげられたものである。その意味では，実務の中身を知ったうえで，考え方や指針を示した方が，その本質を理解しやすいはずである。そこで，本書ではあえて順序を逆にして，理論を最後に記すことにした。

　法制度についても同様である。国内の法制度は，修復の実務を行ううえでは知らなければならないが，それを先に記してしまうと，法制度にあてはめて実務を行う，マニュアルのような形になってしまい，修復の本質を考えなくなってしまうおそれがある。そのため，本書では法制度についても資料として最後にまとめている。

5.1 世界文化遺産のガイドライン

序章で述べた通り，ユネスコ（UNESCO）の世界遺産条約（世界の文化遺産及自然遺産の保護に関する条約：1972年批准）に基づく世界文化遺産の主役は，歴史的価値を持つ記念建造物と街並（図5.1）である。世界文化遺産に登録されるためには，当該の建造物や街並が条約に加盟している国の法律に基づいて保護されていることが要件となっている。そのうえで，各国は登録をしてもらいたい物件を決め，決められた書式に基づいて申請を行い，審査の結果認められれば，めでたく登録という運びになる。

決められた書式に記す内容を示したガイドラインで要件とされているのが，推薦する遺産が4つの点でAuthenticity（「真正性」と訳されている）を保持していなければならないということである。具体的には，Design, Material, Setting, Workmanshipである。これらは，先学によって様々な日本語訳が行われているが，ここでは「デザイン，素材，立地環境，構法（生産体制を含む）」と訳しておく。

世界文化遺産に限らず，この4つの真正性を保持することが，歴史的建造物を保存していくうえでの理想と言ってよい。なお，ガイドラインには登録の基準として，文化遺産に関する顕著で普遍的な価値（OUV: Outstanding Universal Value）を示す6つの基準が示されている。それについては，2章（57頁）に書いた歴史的建造物の価値付けを考えるうえでも参考になるので，以下に示しておく。

図5.1 世界文化遺産に登録されている日光東照宮（栃木県日光市）の陽明門（上）と中国麗江の街並（下）

世界文化遺産登録のためのOUVの6つの基準
（ⅰ） 人類の創造的才能を表す傑作であること。
（ⅱ） 建築や技術，記念碑的芸術，都市計画，景観設計の発展に関連し，ある期間にわたる，又は世界のある文化圏における人類の価値観

の重要な交流を示していること。
(iii) 現存する，あるいはすでに消滅した文化的伝統や文明に関する独特な，あるいは少なくとも稀な証拠を示していること。
(iv) 人類の歴史の重要な段階を物語る建築様式，建築的又は技術的な集合体の類型，景観に関する顕著な例であること。
(v) あるひとつの文化（または複数の文化）を代表する伝統的居住形態，土地利用，若しくは海洋利用の顕著な例であること。又は，人類と環境との相互のかかわり合いを代表する顕著な例であること。特に抗しきれない変化によりその存続が危ぶまれているもの。
(vi) 顕著な普遍的価値を有する出来事，生きた伝統，思想，信仰，芸術的作品，あるいは文学的作品と直接または明白な関連があること（この基準は他の基準とあわせて用いられることが望ましい）。

ところが，現実にはこの4つの真正性をすべて残すことは大変に難しい。歴史的建造物の保存と利用の両立のためには，部分，部位の取り換えが必要になり，デザインや素材にも手を加えなければならないことは既に記した通りである。また，構法の面でも，伝統技術だけでは保存できず，現代技術や新技術を用いる必要があることも記してきた。さらに，経年で歴史的建造物の周辺環境は大きく変化しているはずで，立地環境を残すことも容易ではない。つまり，4つの真正性を保持することは，あくまで目標と理想であって，現実の修復は常に何かの真正性について取捨選択しながら進められていることがわかる（図5.2）。

図5.2 コロッセオ（イタリア・ローマ市）
世界文化遺産に登録されているが，端部や頂部をコンクリートで補強しており，デザインに変更を加えている。

5.2　ヴェネチア憲章

　世界文化遺産の登録の可否を審査するために，ユネスコが諮問を行う国際学術機関がイコモス（ICOMOS：International Council on Monuments and Sites）である。この機関の本部はパリにあり，加盟各国に設けられた国内委員会のメンバーである専門家の交流を図り，各国が推薦した専門家からなる国際学術委員会を組織している。イコモスでは，歴史的建造物の保存の方法や考え方を普及啓発するほか，専門家の育成をはじめ様々な活動を行っている。日本にも，日本イコモス国内委員会が置かれている。

　イコモスでも，各種の遺産の保存のために様々な指針や憲章を示している。そのなかで最も著名なのが，世界文化遺産条約が制定批准される直前の1964年に定められたヴェネチア憲章（記念建造物及び遺跡の保全と修復のための国際憲章）である。イコモスは，この憲章を受けて1965年に設立されている。

　ここでは，ヴェネチア憲章の全文（註）を紹介することは省略するが，そのなかには，

- 修復は学術的根拠に基づいて行うべきこと
- 修復の目的が様式の統一ではなく時代の積層を重視すること
- 想像による復原は避けるべきであること
- 修復時に新たな部分を付加する場合には従来の部分と明確に区分すること
- 付加する部分は旧来の部分と一体化した調和を図ること
- 修復にあたって新技術を用いることが許容されること
- 新技術の使用にあたっては経験による信頼性を検証し，慎重を期すこと

等々，本書で紹介したことと共通する様々な事柄が示されている。

【註】全文は，日本イコモス国内委員会のホームページ（http://japan-icomos.org/charters/venice.pdf）を参照のこと。

豆知識　アテネ憲章
ヴェネチア憲章の前身の国際憲章として知られているものに，アテネ憲章（1931年）がある。CIAMが近代都市のあるべき姿に関して採択したアテネ憲章（1933年）とは，異なるので注意しなければならない。アテネ憲章では，遺跡において発見された遺物の扱いに関して詳しく記述されている等，古代遺跡の建造物とその修復工事を念頭においたものとなっている。

一部の専門家は，このヴェネチア憲章が組積造の建造物の修復を念頭に置いており，日本の伝統的な木造建築の修復にはそぐわないと述べている。また近年は，近現代の建造物やRC造の建造物の修復についても，この憲章に合致しないという専門家もいる。筆者は，日本で行われている歴史的建造物の修復は，伝統的な木造建築からRC造の建築に至るまで，この憲章にあわない部分はないと考えている。本憲章はあくまで基本的な方向性を示した憲章であり，一文一語を厳密に考える必要はないからだ。一部の専門家と筆者の解釈のいずれが正しいかは別にして，歴史的建造物の修復を行う専門家を目指すならば，グローバルスタンダードとして，このヴェネチア憲章には目を通しておく必要がある。

　なお，文化遺産の真正性に関する国による多様性を認めるために，1997年に日本の奈良で開催されたイコモスの国際会議で，「オーセンティシティに関する奈良ドキュメント」（以下「奈良ドキュメント」と略す）が出されている。一部の専門家は，日本の伝統木造建築の修復手法（特に，建造物をいったん解体して行う「解体修理」）が，ヴェネチア憲章とは別の方法のものであるため，このドキュメントによって初めて正式の修復方法として認められたと紹介している。

　ところが，筆者が各国の専門家に聞く限り，「奈良ドキュメント」で認められたのは，平城京の大極殿や朱雀門の再現を世界文化遺産の範囲に含むことであるという。確かに大極殿や朱雀門は想像に基づく新築であり，ヴェネチア憲章の趣旨にはまったくあっていない。また，建造物をいったん解体して修復する方法は，日本の木造と似た構造を持つヨーロッパの木造建造物でも，事例は少ないが実施されている。

　一部の専門家の言と筆者が聞いている情報の正誤は別にして，真正性の解釈も近年多様化してきていることは間違いない。実際に，「奈良ドキュメント」が出された頃には，フィリピンのコルディリェーラの棚田群（1995年登録），南アフリカの人類化石遺跡群（1999年登録）をはじめ，記念建造物や歴史的街並とは異なる様々なものが世界文化遺産に登録されている。登録される遺産が多様になればなるほど，遺産の保存

豆知識　オーストラリアのヴァラ憲章
オーストラリアでは，少数民族にかかわる遺跡や建造物等，自国の歴史文化遺産が，ヴェネチア憲章に必ずしも馴染まない部分がある。そのため，ヴェネチア憲章を参考にして，自国独自の憲章「ヴァラ憲章（The Burra Charter）」を1981年に定めている。そこでは，遺跡や建造物に対して，「場所の保存」という概念を提示している。

や修復の在り方とヴェネチア憲章の文言や真正性の保持の理想との間に，整合性がとれない部分が生じるのは当然のことだろう。

　そうしたなかで，近年は新たな憲章や考え方も採択されている。例えば，イコモスに置かれた20世紀遺産に関する国際学術委員会が，2011年に「マドリッドドキュメント」を採択し，使い続ける歴史的建造物に対して「生きた遺産（Living Heritage）」という考え方を提示した。そこでは，修復にあたって真正性よりも「整合性（Integrity）」という概念を重視する考え方を示しており，遺産の保存よりも，変化を許容しながら遺産を継承していくことが重視されるようになったことを表していると考えられる。また，産業遺産国際会議（TICCIH：The International Committee for the Conservation of the Industrial Heritage）は2007年に憲章を採択しており，そのなかで，歴史的建造物等の多様な価値付けを行う「産業遺産（Industrial Heritage）」の定義を示している。それらも多様化する遺産の在り方を表すものとして参考になる。

参考　産業遺産国際会議による産業遺産の定義
産業遺産は下記の1〜9で構成される。
1　製造拠点となる施設
2　原料の産地の施設（例：炭鉱，鉱山，採石場他）
3　動力供給の施設（例：水力，電気他）
4　交通関連の施設（例：運河，道路，鉄道，灯台他）
5　関連する港湾
6　労働者のための住宅，学校，寺院，庭園，娯楽施設等
7　産業資本家（創業者，経営者他）の家
8　産業労働者の食料供給のために使われた農地
9　伝統芸能，民族音楽，郷土料理，祭り

豆知識　イクロム
イクロム（ICCROM：International Center for the Study of the Preservation and Restoration of Cultural Property）は，ユネスコの下で，文化財の保存修復に関する支援を行う国際組織で，1959年に設立された。本部はローマにあり，専門家育成のための研修や，保存のための情報収集や調査研究を行っている。イクロムには，日本の文化庁から歴史的建造物を専門とする職員が出向している。

コラム　木造 VS 組積造

日本の専門家の間では，木造と組積造を対比的に扱う考え方が支配的である。その典型的なもののひとつが，「木造の文化による建造物は，木が腐朽するので保存を志向していない。これに対して，組積造の文化による建造物は，廃墟になっても残るので永久性を志向している」という理論だ。また，日本の柱梁構造は解体できてしまうが，その修復方法が組積造と異なるので，ヴェニス憲章に適合しないと主張する専門家もいる。これらは大きな誤りである。木造でも長期に保存されている建物は世界中にいくつも存在し，技術に詳しい海外の修復専門家は，部分的に解体しやすい木造の方が，部分的に解体しにくい組積造よりも保存かつ利用し続けることが容易だと述べている。また，イギリスのハーフティンバー構造の木造建築（図5.3）のように，日本の伝統木造と同様に解体できる木造建造物は，色々な国に存在している（図5.4）。

図 5.3　イギリスの伝統的な木造建築

図 5.4　木造の世界文化遺産：
法住寺捌相殿（韓国・報恩郡俗離山）

5.3　各国での修復の基準と考え方

　世界各国では，様々な行政機関や公益団体が歴史的建造物や街並の修復に関わっている。それらの機関や団体では，一般市民向けの修復のためのガイドブックを発刊しているほか，修復のための基準や指針，考え方や理想的な方法等をホームページ等で公開していることが多い。ここでは，その代表的な事例として，イギリス・スコットランドで歴史的建造物の修復を手掛ける公益法人の専門機関ヒストリック・エンバイロンメンタル・スコットランド（Historic Environmental Scotland）（日本の独立行政法人に類似した機関）が示している修復の要件と，アメリカで歴史的建造物の行政を担う政府機関，内務省の国立公園局（National Park Service）が示している修復のための基準を紹介する。

ヒストリック・エンバイロンメンタル・スコットランドの修復の要件

　ヒストリック・エンバイロンメンタル・スコットランド（図 5.5）では，歴史的建造物を修復する際に，何か新たな手を加える場合，その理想的な形として，以下のような要件に従うことを掲げている。

a）Minimal Intervention　最小限の範囲とすること
b）Reversibility　次の修復時に工事がしやすい取り換えがきくような方法（「可逆性のある方法」と訳されることが多い）によること
c）Essential　必然性が認められること
d）Sensitive　繊細な注意を払うこと
e）Appropriate　妥当性が認められること

図 5.5　ヒストリック・エンバイロメンタル・スコットランド本部（グラスゴー市）

f) Legal Compliance　建築基準法，消防法等の関連法令を順守すること

なお，fについては，法令順守といっても，特例的な適用が認められていることは，2章の防災計画で記した通りである。ここで示されているのは，世界各国で共通する考え方である。

アメリカ内務省国立公園局の修復の基準

アメリカ内務省国立公園局では，国が登録した歴史的建造物（図5.6）の修復工事を行う際に，従うべき基準（Standard）を示している。歴史的建造物の修復工事に対して国税の優遇措置を受ける場合には，この基準に従うことが条件となっている。基準は，以下の4つからなる。

a) Preservation Standard　建造物に用いられている仕様や技術・工法を変えずに工事（伝統技術を用いた工事）を行う場合の基準
b) Restoration Standard　学術的根拠に基づいて，古い時代の仕様や技術・工法を用いて，建造物を復原整備するような工事を行う場合の基準
c) Reconstruction Standard　学術的な根拠に基づいて，新たに建造物を再現する場合の基準
d) Rehabilitation Standard（註）　利用しながら保存するために，建造物の一部に手を加える場合の基準

【註】州や機関によっては，RehabilitationをAdaptive UseまたはAdaptive Reuseと呼ぶ場合もある。

以上を，日本の文化財保護制度にあてはめるとすれば，aは「修理」，bは「復原」，cは「復元（本書では再現）」，dは適切な語がないが，「保存活用計画」の策定に基づく修復に近いといえる。対応する語がないことでもわかる通り，日本の文化財保護でもdのような形式を今後より積極的に認めていく姿勢が必要だろう。

これらの基準は，どれかひとつを選択するのではなく，ひとつの建造

物について適宜組み合わせてよいことになっている。アメリカは建国してさほど年数が経っていないため，建設年代が古く遡る歴史的建造物は少ない。また，歴史的建造物の修復が盛んになったのも，建国200年を記念する前後の1960年代から70年代以降で，ほかの先進諸国よりも後になる。けれども，後発で保存や修復に取り組んだ分だけ基準に新しい考え方が取り入れられており，参考になる。

図5.6 アメリカの国登録歴史的建造物／フェリービルディング（サンフランシスコ市）
2003年にRehabilitation工事が行われ，現在内部は，ショッピングモール，オフィス等に活用されている。

5.4 日本における歴史的建造物と法制度

　歴史的建造物の修復の助けとなるものに，法制度がある。世界各国の法制度は，ほぼ類似している。大体が，歴史的建造物や街並をその価値付けから公的なものとして特定し，それに一定の規制を課すかわりに，規制によって生じる代償を補助金や税制優遇といった形で補償をする。または，地域や地区の計画のなかで歴史的建造物や街並を位置づけ，その将来像を計画のなかで定め，計画実現のために一定の規制や支援を行っている。法制度や計画の所管は，国，地方（州，都道府県，市区町村）等，国によって様々である。

　歴史的建造物の保存活用を進めていくうえでは，法制度の役割が今後ますます重要となってくるものと思われる。

国の法制度と保存

　歴史的建造物や街並を特定する日本の法制度で最も代表的なものは，国の文化財保護法である。ほかに，国の法制度として，景観法，歴史まちづくり法（通称，正式名称は「地域の歴史的風致の維持及び向上に関する法律」），古都法（通称，正式名称は「古都における歴史的風土の保存に関する特別措置法」）等がある。ここでは，文化財保護法，景観法，歴史まちづくり法について概略を紹介する。

a）文化財保護法

　文化財保護法では，歴史的建造物に対して，文部科学大臣が有形文化財のうちの建造物として国宝もしくは重要文化財に指定するか，登録有形文化財に登録するという措置がとられる。規制に応じて，補助，税制優遇等の措置があるが，規制の厳しい国宝・重要文化財は措置が手厚く，規制の緩やかな登録有形文化財は措置が限られている。ほかに，ごく少数，史跡，名勝，有形民俗文化財等として特定されている歴史的建造物があるが，ほとんどは有形文化財の建造物である。街並については，伝統的建造物群保存地区，文化的景観の制度があり，市区町村が条例で地区を指定し，一定の価値要件をみたすものを国が重要伝統的建造物群保存地区（図5.7）および重要文化的景観に選定する。国が選定すると，補助や税制優遇の措置がある。

b）景観法

　景観法では，地方公共団体が条例で景観計画を策定し，それに基づき，景観重要建造物の指定や景観地区の指定ができることになっている。景観重要建造物は歴史的建造物以外も含まれるが，実態としては，その多くは歴史的建造物である。また，景観地区のいくつかには歴史的街並も含まれている。景観重要建造物には，相続税の評価額を減じる措置がとられているが，これ以外の国の補助や税制優遇はない。

c）歴史まちづくり法

　歴史まちづくり法では，市区町村が「歴史的風致維持向上計画」を策定し，国の認証を受けると，計画で設定した重点区域内の事業の実施にあたり国からの支援（交付金の交付率が高くなる等）を得ることができる。同計画では，市区町村が重点区域内に歴史的風致形成建造物を指定できるが，その多くが歴史的建造物である。重点区域の設定にあたっては，その中核に，国が文化財保護法で指定した建造物，もしくは国が選定した重要伝統的建造物群保存地区があることが条件になる。

図 5.7　重要伝統的建造物群保存地区
（大阪府富田林市富田林）

地方公共団体の条例と保存

地方公共団体が条例や規則等を定め，歴史的建造物を特定し，その保存や利活用に対して独自に資金支援等を行っている事例も多い。代表的なものは，国の文化財保護法や景観法に基づく，文化財保護条例や景観条例である。

そのほかに，地方公共団体が独自の条例や規則等を定めて支援を行っている事例もある。神奈川県小田原市の「小田原ゆかりの優れた建造物保存要綱」による指定や，神奈川県横浜市の「横浜市歴史を活かしたまちづくり要綱」による登録や認定（図 5.8）に基づいて行われる，歴史的建造物の修復工事に対する資金補助の制度はその例である。

特殊な事例としては，京都市が町家の保存を促進するため，2017 年に「京都市京町家の保全に関する条例」を制定している。同条例では，町家の取り壊しを 1 年前に市に届出ることを義務付ける等，独自の新たな保護措置を導入しており，今後その成果が注目される。

図 5.8　横浜市認定歴史的建造物第 1 号の損保ジャパン日本興亜損保横浜馬車道ビル（神奈川県横浜市）

地域計画と保存

世界文化遺産の対象となる記念建造物等の特殊な歴史的建造物の場合には，周辺の地域や地区の規制やその運用，将来の方針といった事柄（以下「地域計画」と総称する）が，記念建造物の保存の在り方にあわせる形でつくられることもある。一方，ごく一般的な歴史的建造物の保存や利活用を行う際には，その建造物が所在する場所の地域計画に従うことが要求される。そのため，修復をはじめる場合には，事前に地域計画を優先し，十分に理解しておく必要がある。見方を変えれば，地域計画の在り方は，歴史的建造物の保存や利活用に大きな影響を及ぼすと言える。

例えば，高度効率利用の要求が大きい都市中心部における歴史的建造物の保存や利活用は，地域計画によって大きく左右される。単に高度効率利用のみが優先されるような地域計画では，歴史的建造物は，低未利用で非効率なものとして，建て替えの対象となってしまう。それに対して，地域計画において高度利用のための容積率や開発権の扱いに工夫のあるところでは，歴史的建造物の保存や利活用が可能になる。東京都の都心部にある東京駅丸の内駅舎や，明治生命館，三井本館等は，その事例である。東京駅丸の内駅舎は，都市計画法の特例容積移転制度によって，明治生命館，三井本館（図5.9）は，東京都の都市計画条例による重要文化財保存型特定街区制度によって，他所や同一街区内の隣接する建物に容積を移し，保存・利活用が可能になっている。

　なお，本書では歴史的街並の継承を対象としなかったが，それを実現していくためには，街並を構成する個々の歴史的建造物への対応だけではなく，地域や地区という広がりをもった単位での様々な対応が欠かせない。したがって，街並の継承については「地域計画」がより重要な意味をもつ。先に記した文化財保護法の伝統的建造物群保存地区や文化的景観，景観法の景観地区，歴史まちづくり法の重点区域は，地域・地区単位での取り組みであり，各法では地方公共団体がそのための地域計画を定めることとなっている。

　例えば，伝統的建造物群保存地区では，市区町村が地域計画を定めており，そのなかで，地域内の建造物を，保存対象となる伝統的建造物とそれ以外に分けている。また，伝統的建造物を保存するための規制や運用に加え，地域内で新築や建て替えを行う時に周囲の伝統的建造物にならう整備（修景と呼ばれる）をするための規則やその運用を定めている。加えて，地域の防災対策や交通対策，空き家や空き店舗の対策といったものも計画に含まれる。国が選定した重要伝統的建造物群保存地区では，このような地域計画に基づき，地方公共団体が実施する整備や対策について，国から補助金や税制優遇等の支援が行われている。

　地域計画にあわせて歴史的建造物を保存・利活用することへの公共の

図5.9　三井本館と三井タワー（東京都中央区）

図 5.10 こまちなみ条例で保存されている地区（石川県金沢市）　提供：豊島祐樹

支援には，国の法制度に基づくもののほかに，地方公共団体が独自に定めた条例や規則等もある。石川県金沢市の「金沢市こまちなみ条例」に基づく「こまちなみ保存建造物」（図 5.10），京都府京都市の「京都市市街地景観整備条例」に基づく「歴史的意匠建造物」への支援は，その例である。

安全性確保に対する特例措置

　歴史的建造物といえども，一定の安全性を保持する防災対策は必要である。ただ，現在の建築基準法・消防法等に適合させ，その性能要求を満たすことが困難なのは，2 章で述べた通りである。そのため，建築基準法と消防法では，歴史的建造物を現在の制度に直ちに適合させなくてもよかったり，特例的な扱いとできる措置がとられている（建築基準法第 3 条，消防法施行令第 32 条）。これも既に述べた通りである。

a）建築基準法

　建築基準法第 3 条では，文化財保護法で，国が指定した建造物については適用を除外，地方公共団体が同法に基づく条例で指定した文化財については一定の条件を満たし（現状変更の規制，保存のための措置が講じられている），かつ特定行政庁の建築審査会の同意があれば，適用を除外できるとしている。

　このほかに建築基準法の第 85 条の 3（文化財保護法に基づく伝統的建造物群保存地区及び地区内の伝統的建造物について），第 85 条の 2（景観法に基づく景観重要建造物について）ではそれぞれ国土交通大臣の承認を得れば，建築基準法の一部について適用除外ができるとしている。これに当てはまるのは，主に建造物の外観に関わる条文である。

b) 消防法

　消防法については，2004年の施行令改正によって，文化財建造物といえども，利用される施設の機能に応じた消防設備を設置することが明文化された。その際，価値の保存と安全の確保の両立を図るために，施行令第32条の適用を検討すべき旨の通知が，消防庁長官から出されている（「文化財建造物に係る消防用設備等の取り扱いについて」）。同条では，消防長又は消防署長の判断で，特例措置がとれることを規定している。

c) 近年の動向

　近年，歴史的建造物の保存と利用を両立させることによって，地域の観光振興や経済再生に役立てようという動きが活発化してきている。既存の建造物に大規模（主要構造部の過半以上）に手を加える，一定規模以上の増築，用途を変更する場合等には，建築基準法と消防法では現在の法規に適合させることが求められる。ところが，法律通りに手を加えると，歴史的な価値に大きな影響が及ぶことが多い。そのため，歴史的建造物に手を加えるには，建築基準法の適用除外や消防法の特例適用が必要だという認識や要望が高まってきている。

　また，国が文化財保護法で登録した登録有形文化財の建造物や，歴史まちづくり法の歴史的風致形成建造物については，建築基準法の適用除外の対象とされていないので，これに対する適用除外の必要性も生じている。さらに，伝統的建造物群保存地区の伝統的建造物や景観法の景観重要建造物についても，公共的な利用を図るために，外観だけでなく，耐震基準や内装についての適用を除外すべきものがある。

d) 地方公共団体の独自条例

　建築基準法第3条では，文化財保護法に基づく条例によるものに加えて，「その他の条例」によっても同様の措置（現状変更の規制，保存のための措置が講じられている）がとられていれば，特定行政庁の建築審査会の同意によって適用除外ができるとしている。そのため，近年は

地方公共団体（特に市町村）が，その要件をみたす独自条例を制定し，建築基準法の適用除外による特例措置の対象を広げる動きがみられる。

「その他の条例」にあたる独自条例としては，文化財保護法に基づく文化財保護条例，伝統的建造物群保存地区条例，景観法に基づく景観条例，建築基準法に基づく建築基準条例に，独自の運用を加えた形にした独自条例（以下「既存条例」と略す）と，単独で独自条例（以下これを「独自条例」と略す）を制定するものの二つがある。

「独自条例」としては，京都府京都市が，2012 年に「京都市伝統的な木造建築物の保存及び活用に関する条例」を制定している。これは，京都市特有の町家の保存と利用の両立を図った条例である（図 5.11）。同市では，同条例を翌年 11 月に「京都市歴史的建築物の保存及び活用に関する条例」に改正し，対象を近代建築にも広げている。京都市のほかには，福岡県福岡市，埼玉県川越市，神奈川県鎌倉市，群馬県富岡市，兵庫県豊岡市，岡山県津山市が，「独自条例」を制定している（2018 年 12 月現在）。

「既存条例」としては，山口県萩市では伝統的建造物群保存地区条例，兵庫県と兵庫県神戸市，神奈川県横浜市では景観条例，神奈川県箱根町では，文化財保護条例を独自の運用を加えた形の条例として改正し，建築基準法の適用除外措置の対象を広げている。なお，神奈川県藤沢市では建築基準条例の制定時に，独自の運用を加えた形としている（前後者ともに 2018 年 12 月現在）。

こうした建築基準法の適用除外を行う独自条例では，建造物の安全確保と価値の継承を両立させるために，2 章で紹介した「保存活用計画」を策定し，建築基準法とは異なる方法で安全を守る方法をとっている。

以上のような状況を受け，国土交通省でも，歴史的建造物に対する建築基準法の適用除外措置を全国各地に普及するために，「歴史的建築物の活用に向けた条例整備ガイドライン」（註）を 2018 年 3 月に示している。国土交通省では，そのほかに，現在，総合技術開発プロジェクト「防火・避難既定の合理化による既存建築物活用に資する技術開発」

図 5.11　京都市の適用除外の事例／町家を大学セミナーハウスに転用　提供：上北恭史

【註】歴史的建築物の活用に向けた条例整備ガイドライン
http://www.mlit.go.jp/jutakukentiku/build/jutakukentiku_house_tk_000084.html

（2016〜2020年度）を進めており，そのなかでも，歴史的建造物の活用や歴史的街並の維持をより円滑に図るための検討を行っている。

> **コラム　地域・地区の安全対策**
>
> 伝統的建造物群保存地区のように，歴史的建造物が地域内に一定数以上ある場合には，個別の歴史的建造物の安全対策を行うだけでなく，地域全体で対策に取り組んだ方がよい場合が多い。そのため，国が選定している重要伝統的建造物群保存地区では，地区別に独自の防災計画が策定されており，耐震補強の促進や，消防設備の導入等の措置がとられている。また，その策定や計画の実施に対しては，国が支援を行っている。
>
> このほかに，地区の防災に関して，屋根の可燃物の葺き材（茅，檜皮，こけら等）や，木材を軒や外壁にあらわしにくい準防火地域，建築基準法第22条，同23条といった地域の指定や規制を解除して，地区内の歴史的建造物の継承や街並の歴史的風致の維持向上を図っている場合もある。この場合，代替の安全措置として，建築基準法第40条の防災対策や地区計画により独自の対策を講じるのが一般的である。大分県臼杵市はその例で，「臼杵市歴史的景観保全に係る防火上の措置に関する条例」を定め，その環境を整えている（図5.12）。
>
>
>
> 図5.12　大分県臼杵市の街並　提供：養父信義　Y.O設計

その他の特例措置

　安全に対する措置のほかにも，歴史的建造物に対して特例措置を認めている場合がある。その代表的なものに，土地区画整理法とバリアフリー新法（「高齢者，障害者等の移動等の円滑化の促進に関する法律」の通称）がある。

　土地区画整理法では，第95条第4項で，文化財である歴史的建造物に対して換地の特例を認めている。これは，土地区画整理を行う場合，計画地の建造物は場所を移動して敷地の区画を変更することが原則となっているが，歴史的建造物については，その価値に配慮して換地をせずに原位置で残すことを認めている。

　バリアフリー新法では，建築基準法第3条で適用除外措置を認めている歴史的建造物や，伝統的建造物群保存地区の伝統的建造物について，同法の適用対象としない措置を認めている（同法施行令第4条）。バリアフリーにあわせた改修によって，歴史的建造物の価値が失われないようにするためである。ただし，こうした措置はあるものの，バリアフリーが義務付けられるような公共施設等として利用される場合には，歴史的建造物であっても何らかの形でバリアフリーに対応していることが多い（2章63頁の旧第四銀行，旧九十銀行を参照のこと）。

　都市公園法では，公園内につくってよい施設の建築面積の基準を，公園面積に対する施設の建蔽率によって定めている。同法の第6条第1項第2号では，文化財である歴史的建造物，景観法の景観重要建造物，歴史まちづくり法の歴史的風致形成建造物であれば，同法第4条第1項で定める公園内の施設に関する建蔽率よりも上乗せした建蔽率でよいことを認めている。つまり，歴史的建造物については，通常の公園内施設よりも大きな施設としてよいことが認められており，都市公園内において歴史的建築物の保存再生を進めやすい形となっている。

5.5　生産体制の確保と法制度

歴史的建造物の修復を進めていくためには，技術者，技能者をはじめ，生産体制の確保が重要なことは，3章で述べた通りである。このためには，後継者の育成が必須である。もちろん一定の需要があることが一番だが，これは様々な事柄と関連する。ここでは後継者育成のために有効な，国内で行われている生産体制の確保に関連する法制度を紹介する。

文化財の保存技術の保護

生産体制の確保に資する法制度としては，文化財保護法の「文化財保存技術の保護」（同法 147～152 条）がある。同制度では，国が文化財保存のために必要な技術を選定（「選定保存技術」と呼ばれる，以下「保存技術」と略す）し，その技術を持っている個人又は団体（「選定保存技術保持者」「選定保存技術保持団体」と呼ばれる，以下「保持者」「保持団体」と略す）を認定している。認定された保持者，保持団体には，後継者育成のための記録作成や講習会等に対して，国からの支援がある。現在（2018 年 3 月），歴史的建造物の修復に関係する技術として，保存技術に選定されているものは，以下の通りである。

選定保存技術保持者，選定保存技術保持団体
保持者の認定：規矩術（近世規矩），屋根瓦葺（本瓦葺），建造物木工，建具製作，鋳物製作，檜皮葺・柿葺，左官（古式京壁），茅葺，畳製作，金唐紙製作，石盤葺，屋根板製作，檜皮採取，錺金具製作，建造物彩色，

図 5.13　選定保存技術保持団体の研修風景
提供：菅澤 茂

表装建具製作，唐紙製作，文化財石垣保存技術，漆搔き用具製作，漆刷毛製作
保持団体の認定：建造物修理，建造物木工，檜皮葺・杮葺・茅葺，建造物装飾，建造物彩色，屋根瓦葺（本瓦葺），左官（日本壁），建具製作，畳製作，文化財庭園保存技術，文化財石垣保存技術，日本産漆生産・精製

国宝・重要文化財建造物の修理と主任技術者

　国宝・重要文化財に指定された建造物（以下「重要文化財等」と略す）の修理工事のうち，国の補助金で行われる工事の設計監理業務は，国が開催している一定時間（普通コース120時間，上級コース60時間）の講習を終え，国が承認した技術者（「文化財建造物修理主任技術者」と呼ばれる，以下「主任技術者」と略す）でないと請負えない（国の補助金の要項等による）。主任技術者は，京都府，奈良県等の重要文化財等が多数ある近畿圏の府県もしくはその関係団体に属す技師を除くと，ほとんどが公益財団法人文化財建造物保存技術協会（以下「文建協」と略す）に属す技術者である。

　文建協は，建造物修理，建造物木工の二つの保存技術について，保持団体に認定されている。そのため，文建協では，技術者養成の研修と木工技能者育成のための研修を実施している。重要文化財等の修理事業においては，主任技術者が設計監理を行うことが要件となっている。それに加え，事業における工事の仕様や入札の条件等の形で，工事に保持者が関与することや，保持団体が実施している研修や講習の修了者・受講者が関与することを求めている事例もある。なお，地方公共団体の支援を得て行われる文化財建造物の修理事業についても，重要文化財等の修理事業に準じていることが多い。

地域の生産体制の確保を助ける法制度

　歴史的建造物には地域性がある。よって，その修復工事に関わる，技能者，技術者は，地域のことに精通した人に任せたい。地域の人に任せることが，地域の生業の需要となり，生産体制の確保にもつながる。ところが，国の支援をはじめ，公的な支援を受けた工事については競争入札の原則があり，地域の人に任せることは簡単ではない。この原則によると，どうしても価格の低さが事業者決定の目安になる。これは，事業者のずさんな工事で歴史的価値の継承に影響を及ぼしかねない等，歴史的建造物の継承の理想とは相容れない部分がある。そこで，歴史的建造物の修復を地域の生産体制に委ねやすくする法制度を紹介する。

a）提案型競争入札

　公募型企画提案方式，総合評価落札方式とも呼ばれる。この方法にすると，単なる価格ではなく提案内容に応じて評価できるので，事業の質が確保できるうえ，事業への理解がない者の排除が可能になる。

b）条例・要項等

　地方公共団体の独自条例の目的や計画に，歴史的建造物の保存や利活用だけでなく，地域の技術や技能の継承といった事柄も加えておくと，入札者を限定する要件をつくりやすい。また，国の選定保存技術と同様に，地域の技術者や技能者を何らかの形で特定し，その育成や継承を図ることを地方の条例や要項等によって制度化することも有効である。すると，公的支援する場合の工事実施要件として，そうした人々が参加しやすくなる。

c）歴史的風致維持向上支援法人

　歴史まちづくり法には，特定非営利活動法人を歴史的風致維持向上支援法人（以下「支援法人」と略す）に指定する制度がある（同法34・

豆知識	世界各地の専門家の養成

歴史的建造物の修復にあたる専門家の養成については，世界の各地で行われているが，その在り方は各国各様である。アメリカ，ドイツ，イタリアでは，大学院に修復を行う建築家を養成するための専門のコースが設けられている。イギリスでは，序章で紹介したCOTAC，王立サーヴェイヤー協会（RICS：Royal Institution of Chartered Surveyors）をはじめ，専門家の職能団体が講習会を実施している。フランスでは，国の文化財研究所に置かれた大学校（シャイヨー校）で養成を行っている。

35条）。同法では，支援法人が，重点区域内の公共施設の整備に関する事業に参加することや，歴史的風致形成建造物に必要な助言および援助を行えることを規定している。これによって，地域の技術者や技能者が加わった組織を支援法人に指定することが可能になり，歴史まちづくり法に基づく事業と地域の生産体制の確保との関係を構築できる。

福島県白河市のしらかわ建築サポートセンターの活動はその例である。白河市では，東日本大震災後に，被災した中心市街地の歴史的建造物（町家や土蔵）を歴史的風致形成建造物に指定し，国の支援を受けてその復旧を行っている（図5.14）。その工事を，サポートセンターに関係する地域の建築士や工務店が主体となって手掛けている。

景観法の景観整備機構の制度も，歴史まちづくり法の支援法人の制度と類似する仕組みである。2019年4月に施行される改正文化財保護法でも，文化財保存活用支援団体を市町村が指定できる仕組みが導入されている。この制度も，歴史まちづくり法の支援法人と同様の運用が可能と思われる。

図5.14　歴史的風致形成建造物の災害復旧（福島県白河市）　提供：マヌ都市建築研究所

コラム　ヘリテージマネージャーの育成と地域の生産体制

現在，日本建築士会連合会で決めたガイドラインに従い，各都道府県の建築士会等が，歴史的建造物に精通した建築士等の専門家（ヘリテージマネージャー）を育成するための講習（全60時間，講義及び演習からなる）を行っている。2001年に兵庫県で講習が行われたのを皮切りに，2018年度末現在までに，44都道府県の建築士会，2政令指定都市の非営利団体で講習が実施されている。ヘリテージマネージャーという呼称は，最初に講習会を実施した兵庫県で用いられていた名称を共通化したもので，講習修了者の呼称は各県による。例えば，静岡県は「地域文化財専門家」としている。

近年，地方公共団体が行う歴史的建造物の調査や修復工事について，地域のヘリテージマネージャーの関与を要件とする事例が増えてきている。前出のしらかわ建築サポートセンター（176頁）を主導している技術者は，福島県建築士会のヘリテージマネージャーである。また，秋田県横手市増田町では，市の支援によって実施する重要伝統的建造物群保存地区の伝統的建造物の修復工事にあたって，統括事業者が秋田県ヘリテージマネージャーであること，統括事業者の下で各種工事を行う事業者は，横手市が実施した講習会を受講した技術者（市内の技能者が中心）とすることを要項で定めている。これは，地域での生産体制の確保を図るという点で参考になる（図5.15）。

図5.15　伝統的建造物の修復（秋田県横手市増田町）

参考文献

全般

◇一般的な建造物の保全

1 田村恭他『新建築学体系 49 維持管理』彰国社，1983 年
2 日本建築学会編『建築物の調査・劣化診断・修繕の考え方（案）』丸善，1993 年
3 日本建築学会『建築物の改修の考え方・同解説』日本建築学会，2002 年
4 松村秀一編『建築再生学 考え方・進め方・実践例』市ヶ谷出版社，2016 年
5 『建築物のライフサイクルと維持保全（新訂版）──建物保全学入門──』ロングライフビル推進協会，2018 年

◇保存，修復の概説書

6 関野克『文化財と建築史』鹿島出版会（SD 選書 151），1979 年
7 岡田英男他『新建築学体系 50 歴史的建造物の保存』彰国社，1984 年
8 松本修自・平尾良光『古代住居・寺社・城郭を探る──住居の復元，耐震性の解明，構造の研究，解体修理（文化財を探る科学の眼）』国土社，1999 年
9 金出ミチル・木村勉『修復 まちの歴史ある建物を活かす技術』理工学社，2001 年
10 土木学会歴史的構造物保全技術連合小委員会編『歴史的土木構造物の保存』鹿島出版会，2010 年

◇保存，修復の考え方

11 鈴木博之『現代の建築保存論』王国社，2001 年
12 鈴木博之『保存原論 日本の伝統建築を守る』市ヶ谷出版，2013 年
13 清水重敦『建築保存概念の生成史』中央公論美術出版，2013 年
14 穎原澄子『身近なところからはじめる建築保存』弦書房，2013 年
15 加藤耕一『時がつくる建築 リノベーションの西洋建築史』東京大学出版会，2017 年

◇その他

16 『民家再生の技術』日本民家再生協会，2007 年
17 立命館大学「テキスト文化遺産防災学」刊行委員会『テキスト文化遺産防災学』学芸出版社，2013 年
18 文化庁文化財部参事官（建造物担当）監修『文化財保存・管理ハンドブック 建造物編』（三訂版），全国国宝重要文化財所有者連盟，2013 年
19 不破正仁・小山雄資『民家再生のはじめかた そうじから紡がれるものがたり』西山卯三記念すまい・まちづくり文庫，2018 年

1 章

◇歴史調査，野帳の作成

101 陣内秀信・中山繁信編『実測述──サーベイで都市を読む・建築を学ぶ』学芸

出版社，2001年
102 文化財保護委員会監修『民家のみかた調べかた』第一法規，1967年
103 文化庁歴史的建造物調査研究会『建物の見方・しらべ方 江戸時代の寺院と神社』ぎょうせい，1994年
104 日本産業遺産研究会・文化庁歴史的建造物調査研究会『建物の見方・しらべ方 近代産業遺産』ぎょうせい，1998年
105 上野邦一『建物の痕跡をさぐる――妻籠，大和の古代寺院，アンコール・ワット』連合出版，2010年
106 木村英彦『古建築の実測調査』三省堂書店，2017年
◇破損調査
107 『コンクリート建物改修事典』産業調査会 事典出版センター，2005年
108 『文化財虫害事典』クバプロ，2004年
◇その他
109 『飛鳥資料館図録第40冊 古年輪』飛鳥資料館，2003年
110 国立歴史民俗博物館・坂本稔・中尾七重編『築何年？ 炭素で調べる古建築の年代研究』吉川弘文館，2015年

2章
◇設計・計画の方法・考え方，保存活用計画
201 木村勉『近代建築解体新書――修復の計画と技術』中央公論美術出版，1994年
202 田原幸夫『建築の保存デザイン：豊かに使い続けるための理念と実践』学芸出版社，2003年
203 『木造建造物の保存修復のあり方と手法（提言）』奈良文化財研究所，2006年
204 野村和宣『生まれ変わる歴史的建造物』日刊工業新聞社，2014年
205 『文化財保存活用計画 参考事例集』文化庁文化財保護部建造物課，2000年
◇防災計画
206 後藤治・関澤愛・三浦卓也・村上正浩『それでも，「木密」に住み続けたい！路地裏で安全に暮らすための防災まちづくりの極意』彰国社，2009年
207 大窪健之『歴史に学ぶ 減災の知恵』学芸出版社，2012年
◇歴史的建造物の再現
208 奈良文化財研究所『発掘遺構から読み解く古代建築』クバプロ，2016年
209 海野聡『古建築を復元する』吉川弘文館，2017年
◇設計・計画のためのガイドライン類
210 文化庁文化財部建造物課・建築保全センター『公共建築物の保存・活用ガイドライン』建築保全センター，2002年
211 文化庁文化財部記念物課監修『史跡等整備のてびき――保存と活用のために』同成社，2005年

◇その他
212 羽生修二『ヴィオレ・ル・デュク 歴史再生のラショナリスト』鹿島出版会SD選書218, 1992年

3章
◇伝統技術
301 広瀬鎌二『改訂 伝統のディテール——日本建築の詳細と技術の変遷』彰国社, 1975年
302 山田幸一『壁 ものと人間の文化史』法政大学出版局, 1981年
303 安藤邦廣・乾尚彦・山下浩一『住まいの伝統技術』建築資料研究社, 1995年
304 原田多加司『檜皮葺と柿葺』学芸出版社, 1999年
305 関美穂子『古建築の技, ねほりはほり』理工学社, 2003年
306 井上新太郎『本瓦葺の技術』彰国社, 2009年
307 鈴木光『伝統的左官施工法 講習会用テキスト(改訂版)』日本左官業組合連合会, 2015年
308 文化庁文化財部記念物課監修『石垣整備のてびき』同成社, 2015年
309 安藤邦廣『新版 茅葺きの民俗学——生活技術としての民家』はる書房, 2017年
310 坂本功『図説 日本木造建築事典 構法の歴史』朝倉書店, 2018年
◇近代の建造物の技術
311 日本建築学会『近代日本建築学発達史』丸善, 1972年
312 源愛日児『木造軸組構法の近代化』中央公論美術出版, 2009年
313 西澤英和『耐震木造技術の近現代史 木造家屋の合理性』学芸出版社, 2018年
◇修復のための工事の概説
314 文化財建造物保存技術協会編『修復の手帖〈Vol.1〉』修復の手帖刊行委員会, 2001年
315 文化財建造物保存技術協会編『修復の手帖〈Vol.2〉100年先の修復を考える』修復の手帖刊行委員会, 2004年
316 文化財建造物保存技術協会編『修復の手帖〈Vol.3〉100年先の修復を考える——伝統技術の継承』修復の手帖刊行委員会, 2007年
317 京町家作事組『町家再生の技と知恵——京町家のしくみと改修のてびき』学芸出版社, 2002年
318 村上訒一『文化財建造物の保存と修理の歩み(『日本の美術』525号)』至文堂, 2010年
◇その他
319 元興寺文化財研究所『建造物彩色の保存と修復——日本および東アジアの社寺を中心に』クバプロ, 2003年

4章・終章
401 斎藤英俊編『第15回「大学と科学」世界の文化遺産を護る』クバプロ，2001年
402 後藤治＋オフィスビル総合研究所「歴史的建造物保存の財源確保に関する提言」プロジェクト『都市の記憶を失う前に　建築保存待ったなし！』白揚社，2008年

参考資料

修復に関わる専門機関（全国的な活動を行っているところ）と関連ホームページ

行政関係

1. 文化庁　http://www.bunka.go.jp/
    国指定文化財等データベース
        https://kunishitei.bunka.go.jp/bsys/index_pc.html
2. 独立行政法人文化財研究所
    東京文化財研究所　http://www.tobunken.go.jp
        未来につなぐ人類の技
            http://www.tobunken.go.jp/image-gallary/conservation/index.html
            5 大型構造物の保存と修復　6 近代化遺産の修復のための諸問題　9 鉄道構造物の保存と活用　10 コンリクート構造物の保存と修復　12 近代建築に使用されている油性塗料　14 近代テキスタイルの保存と修復　15 洋館の保存と修復　16 近代文化遺産の保存理念と修復理念　17 煉瓦構造物の保存と修復　18 鉄構造物の保存と修復　等がある。
    奈良文化財研究所　https://www.nabunken.go.jp/

公益団体

3. 日本イコモス国内委員会　http://www.japan-icomos.org
4. 一般社団法人日本建築学会　建築歴史・意匠委員会
    https://www.aij.or.jp/gakujutsushinko/c-000/c000-12.html
5. 公益社団法人日本建築士会連合会　全国ヘリテージマネージャーネットワーク協議会
    http://www.kenchikushikai.or.jp/torikumi/hm-net/index.html

設計監理（主任技術者が所属する組織）

6. 公益財団法人文化財建造物保存技術協会　http://www.bunkenkyo.or.jp/
7. 株式会社文化財保存計画協会　http://www.b-hozon.co.jp/
8. 一般財団法人建築研究協会　http://www.kenkyo.org/
9. 株式会社文化財構造計画　http://bunkoukei.co.jp/

施工

10. 特定非営利活動法人文化財修理技術保存連盟
        http://nichidenken.sakura.ne.jp/bungiren.html
    特定非営利活動法人日本伝統建築技術保存会
        http://nichidenken.sakura.ne.jp/
    一般社団法人日本伝統瓦技術保存会　http://dentoukawara.com/

公益社団法人全国社寺等屋根工事技術保存会
　　　　http://www.shajiyane-japan.org/
　　一般財団法人全国伝統建具技術保存会
　　　　http://nichidenken.sakura.ne.jp/bungiren.html
　　文化財畳保存会　http://bunkazai-tatami.com/
11　公益財団法人日光社寺文化財保存会　http://www.nikko-bunkazai.or.jp/
12　一般社団法人日本曳家協会　http://www.nihon-hikiya.or.jp/

情報・情報誌
13　文化財建造物保存修理研究会　http://www.hozon-syuri-kenkyukai.jp/
14　建築史学会『建築史学』修復トピックス　http://www.sahj.org/
15　木の建築フォラム『木の建築』　http://www.forum.or.jp/
16　文化財建造物保存技術協会『文建協通信』（URLは前出）
17　文化庁監修『月刊文化財』第一法規
　　　https://www.daiichihoki.co.jp/store/products/detail/100412.html
18　伝統技法研究会『伝統技法』　http://den-gi.jp/

修復に関連する展示が行われている資料館等
19　竹中大工道具館　https://www.dougukan.jp/
20　LIXILギャラリー　http://www.livingculture.lixil/gallery/
21　日本民家園　http://www.nihonminkaen.jp/

特許一覧

高粘度液体による消防（p.79）
茅葺屋根向け消火剤，延焼防止装置，防災用散水具と植物屋根の防災装置
　　特許出願中／特願 2016-212375 号
　　出願者：石郷岡将平他　／特許権　能美防災株式会社

制震ダンパー（p.119）
特許権・商標権　j.Pod エンジニアリング
リブフレーム構造体の設置方法及びその設置構造
　　特開 2004-137859 号
　　出願者：J.Barr，鴻池組，トリスミ集成材
耐震構造体の製作方法および耐震構造体
　　特開 2007-120164 号
　　出願者：J.Barr，鴻池組，トリスミ集成材，京都大学

梁を両側から添えたはさみ梁による補強（p.125）
木造建物における軸組構造
　　特開 2010-112026 号
　　出願者：宮内寿和，川端眞

アクリル樹脂による天井落下防止，土蔵壁補強（p.137）
補修壁，補修天井及びコテ仕上げ面体の補修方法，天井の修復方法
及び壁の修復方法
　　特許出願中／特願 2016-160634 号，特願 2018-530404 号
　　出願者：工学院大学

おわりに

　歴史的建造物の修復をなぜ行うのか。それがなぜ必要なのか。

　歴史的建造物が人類共通の文化遺産だから，失われたものは二度と取り戻せないから等々，その答えは人により様々だろう。では，筆者なりの回答はどうか。それは「もったいないから」と，「歴史的建造物は地域の魅力と活力を生むから」ということになる。

　現代，歴史的建造物と同質のものをつくるのは難しい。基礎の構造，断熱性，気密性をはじめ，歴史的なものより，現代の方が優れている部分はある。その一方で，時間を経た美，手間のかかった装飾，使っている素材をはじめ，歴史的なものの方が優れている部分も多数ある。それらを捨ててしまうのは，なんとももったいない。また，歴史的建造物や街並の保存活用に熱心に取り組む地域は，何もしていない周辺の地域よりも，雇用が生まれ，Ｕターン・Ｉターンの若い世代がいるなど，活力にあふれている。これは，長く歴史的建造物や街並の保存活用に関わってきた筆者が，日ごろ肌で感じていることである。

　ところで，本文中で，歴史的建造物の修復は新築よりも費用はかからないと書いた。それはあくまで同質の建造物を取得する場合である。現代に工場で量産されているような地域性の無いものと比較すれば，修復のための費用が割高で，それなりの額になることは否めない。しかし，この費用を出し惜しんでいると，歴史的建造物は打ち捨てられ，かわりにどこにでも同じ建造物がつくられるようになり，地域の特色ある風景は失われていく。同時に，建築費用のほとんどは，建造物を量産している大手のメーカーに流れていく。

　歴史的建造物を壊さず修復した場合を考えてみよう。歴史的建造物は残り，地域の個性ある風景も継承される。もしかすると，それが地域の貴重な観光資源になり，地域に富をもたらすかもしれない。量産化されたものが並ぶ個性の無いところでは，それは望めない。歴史的建造物に使われている伝統技術は，地域性のあるもので，修復のための工事はオーダーメイドになる。その担い手は，地域の技術者・技能者であり，その工事費用は彼らにわたる。それが，本文中に記した通り，地域の生産体

制の確保につながる。

　地域の生産体制が確保できていれば，災害時に建造物が被災しても，すぐに技術者・技能者がかけつけられるから，早期の対応がとりやすい。一方，地域に技術者・技能者がいなくなると，被災した建造物の面倒を見てくれる人はおらず，被災後の復旧は覚束なくなる。実際に，東日本大震災では，地域の生産体制が失われた地域で，多くの歴史的建造物が，小さな被害であったにもかかわらず，取り壊された。

　量産される建造物でも，メーカーが地域の技術者や技能者を雇用すれば資金は彼らに流れるのでは，と思われる方がいるかもしれない。けれども，量産化したものに使われているのは伝統技術ではないし，改修に使うオーダーメイドの技術とは対極にある。これでは地域の生産体制の確保には貢献できないうえ，被災した建造物の復旧にも使えない。加えて，工場で生産する部品は，災害が発生すると手に入りにくくなり，壊れた部品の取り替えもきかない。これが，阪神淡路大震災や東日本大震災をはじめ，大規模災害後に現れた結果にもつながっている。

　大規模災害の後に，多くの歴史的建造物が復旧され，地域の個性ある風景が継承されたのは，ごく一部の地域である。そうした地域は日常から歴史的街並の継承に取り組み，地域の生産体制が確保されていたところであった。このように考えると，地域の生産体制を確保することは，災害後の復旧についても有利にはたらくのである。付言すれば，地域の技術者・技能者には，消防団に入っている者も多い。つまり，彼らは災害への対応にさらに一役かっていることになる。

　歴史ある地域の技術者・技能者は，地元の祭り等でも重要な役割を務めており，祭りのたびに寄附もして，地域経済の循環や活性化にも貢献している。こうした状況を考えると，量産化したものをつくる費用と歴史的建造物の修復の費用との差額について，地域が公費で負担したとしても十分なお釣りが戻ってくるのではないかと筆者は考えている。

　このように書くと，都市部とは関係ない地方だけの話のように思えてしまうかもしれないが，歴史的建造物や個性ある風景が地域に富をもた

らすのは，都市部も同じである。都市の国際競争力がしばしば話題になっているが，その魅力は新しいものだけで生まれているわけではない。新しさで競争しようとすればするほど，古い歴史をもつ都市は後発の都市（現代でいえばドバイあたりだろうか）に負けてしまうはずで，そのような都市は歴史的なものと新しいもののマッチングで戦うべきであろう。その意味でも，歴史的建造物の修復は重要だ。

共立出版から，本書の出版の話をいただいてから，およそ10年が経ってしまった。時間が経ったおかげで入れられた内容もある反面，新しさがない本になってしまったきらいもある。一方，10年前より，歴史的建造物の修復に対する社会の理解と興味は着実に高まっているし，人口減少をむかえストック重視へと変貌しつつある建設業界のなかで，リノベーションに代表される既存改修は徐々に市民権を得つつあるようにも思える。結果，本を出版するにはよい時期になったかもしれない。

とはいえ，10年かけたわりには，内容的には物足りない未完成な部分もたくさんある。今後さらに内容を充実させていきたいと考えているので，読者の皆様から，忌憚のないご意見・ご批判がいただければ幸いである。

本書は，すべて後藤が執筆したが，大学の研究室のメンバーの多大な協力を得て完成した。二村悟君には初期段階のアイディア出しで，小林直弘君には，事例の補足と全体の構成について，八文字雅昭君，近藤千鶴さん，荻野航君には，図版作成に協力をいただいた。また，本書で取り上げた事例のなかには，研究室の学生たちに修士論文・卒業論文で取り組んでもらったものが含まれている。そうした研究には，田村雅紀教授，村上正浩教授をはじめ，同僚との共同研究もある。大学の役職に就いた関係で，2018年4月，ちょうど20年続けてきた研究室の活動を終えた。本書の出版によって，ひとつのよい区切りができたと思っている。研究室では学生達にろくな指導はしなかったが，OB，OG達には，この本を読み，活動を思い出し，復習してもらえればと思う次第である。

監修の古山正雄先生には，自由に書くことをお許しいただいた。共立出版の編集の信沢孝一氏，野口訓子氏には，気長くおつき合いいただくと同時に様々な骨折りをいただいた。また，本書の企画・編集・校正については柴原聡子さんに，イラストについては武者小路晶子さんに協力いただいた。文末ではあるが，記して感謝の意を申し上げたい。

著　者

後藤 治　ごとう　おさむ

1984 年　東京大学工学部建築学科卒業
1988 年　東京大学大学院工学系研究科建築学専攻博士課程中退
現　在　工学院大学総合研究所教授，学校法人工学院大学理事長
　　　　博士（工学）・一級建築士
著　書　『建築学の基礎⑥　日本建築史』（共立出版）
　　　　『都市の記憶を失う前に　建築保存待ったなし！』（共著，白揚社）
　　　　『それでも，「木密」に住み続けたい！』（共編著，彰国社）
　　　　『食と建築土木』（共編著，LIXIL 出版）他

造形ライブラリー08
論より実践 建築修復学

2019 年 4 月 15 日　初版第 1 刷発行

著　者	後藤 治	
発　行	共立出版株式会社　南條光章	
	東京都文京区小日向 4-6-19	
	電話　03-3947-2511（代表）	
	〒112-0006　振替口座 00110-2-57035	
	www.kyoritsu-pub.co.jp	
印　刷	（株）加藤文明社	
製　本	ブロケード	

© 後藤 治　2019　　検印廃止
　　　　　　　　　　NDC 520, 524, 524.9, 525, 525.8
Printed in Japan　　ISBN 978-4-320-07683-9

JCOPY ＜出版者著作権管理機構委託出版物＞
本書の無断複製は著作権法上での例外を除き禁じられています．複製される場合は，そのつど事前に，出版者著作権管理機構（TEL：03-5244-5088，FAX：03-5244-5089，e-mail：info@jcopy.or.jp）の許諾を得てください．

一般社団法人
自然科学書協会
会員